Reader zum Fachprojekt „Braucht Demokratie Religion?"

Ein Reader von Studierenden für Studierende

Herausgegeben von RA Ralf Bernd Herden

Sommersemester 2025

Arbeitsergebnis des gleichnamigen Fachprojekts

Unter Leitung von RA Ralf Bernd Herden an der

Hochschule für öffentliche Verwaltung in Kehl am Rhein

University of applied Sciences Kehl am Rhein

ISBN: 978-3-7693-5828-5

Verlag:

BoD · Books on Demand GmbH, Überseering 33, 22297 Hamburg, bod@bod.de

Druck:

Libri Plureos GmbH, Friedensallee 273, 22763 Hamburg

Biographische Informationen der Deutschen Nationalbibliothek:

Die Deutsche Nationalbibliothek verzeichnet diese Publikation in der Deutschen Nationalbibliografie; detaillierte bibliografische Daten sind im Internet über http://dnb.dnb.de abrufbar.

Inhalt

Fachprojekt 028 – Braucht Demokratie Religion?

Ralf Bernd Herden

Unsere Vorgabe war es mit, zweimal zwei Zielen möglichst nahe zu kommen:

Erstes Doppelziel: Den Studierenden zu vermitteln, das wachsender Wissenserwerb stete Freude und Bereicherung bedeutet[1], und erlebbar zu machen, dass es Ziel der Hochschularbeit sein soll, zu befähigen statt zu belehren[2].

Zweites Doppelziel: Kenntnisse im Projektmanagement zu vermitteln, die praktisch anwendbar sind – mit dem Mittel des Wissenserwerbs zum Thema „Brauch Demokratie Religion?" – sozusagen als „Leiter zum Einstieg" für das Projektmanagement.

Um diese Ziele umzusetzen, haben wir zwei Arbeitsschritte durchgeführt, welche jedoch nicht stets streng getrennt, sondern nach einer jeweiligen Einarbeitungsphase ausnahmslos ist kontinuierlicher Verflechtung verfolgt worden sind:

1. Darstellung und Erarbeitung der Methoden und Ziele des Projektmanagements. Dies wurde sowohl spielerisch (Verdeutlichung der Bedeutung des Teamgeistes; Entwicklung eines kooperativen Miteinanders im Team), als auch durch weitergehende Darstellung und Vertiefung des Themas gemeinsam erarbeitet. Dabei wurde auf die Grundsätze und Methoden, vor allem auch auf die Betrachtung und Benutzung des Gantt-Diagrammes großen Wert gelegt.

2. Die Thematik „Braucht Demokratie Religion" wurde so vielseitig wie möglich erörtert. Dabei wurde den Studierenden ganz bewusst ein großer Freiraum zur Themenbetrachtung und Themenbearbeitung gewährt. Um eine unkomplizierte, aber zugleich vertiefende Auseinandersetzung mit dem Thema zu ermöglichen, wurden nicht nur Literaturhinweise gegeben und auch immer wieder thematische Darstellungen durch den Fachprojektleiter eingeflochten, sondern auch jedem der Studierenden weiterführende Lektüre „als thematische Appetitanreger" zur Verfügung gestellt. Es waren dies folgende drei Materialien:

---

[1] Hüther, Gerald: Mit Freude lernen ein Leben lang. Weshalb wir ein neues Verständnis vom Lernen brauchen. Verlag Vandenhoeck und Ruprecht, Göttingen 2016.
[2] Brinkner, Tobina / Schumacher, Eva-Maria: Befähigen statt belehren. Neue Lehr- und Lernkultur an Hochschulen. Hep Verlag Bern 2014.

a. Voßkuhle, Andres: Die Verfassung der Mitte
    Carl Friedrich von Siemens Stiftung, München, 2016

b. Böckenförde, Ernst Wolfgang: Der säkularisierte Staat
    Carl Friedrich von Siemens Stiftung, München, 2006

c. Vögele, Wolfgang: Zivilreligion, Katastrophen und Kirchen
    Evangelische Zentralstelle für Weltanschauungsfragen, Berlin, 2007

Themenschwerpunkt Projektmanagement

Hauptziel unseres Fachprojektes war es, durch gute Team- und Gruppenarbeit die Bedeutung von Methodik und Vertrauen im Teamprozess beim Projektmanagement zu erarbeiten, sichtbar zu machen und zu verdeutlichen. Ein Mittel / Weg dahin war die inhaltliche Erarbeitung der Themen, sowie die gemeinschaftliche Fertigstellung des Readers.

Projektmanagement war Thema aller Zusammenkünfte der Gruppe, wobei die ersten drei Sitzungen folgende Schwerpunkte hatten, welche ausschließlich dem Projektmanagement dienten:

1. Einführungstermine, Darstellung Projektmanagement

Bei unseren ersten beiden Terminen haben wir, nach einer ausführlichen Vorstellungsrunde der Mitarbeitenden im Team (und ihrer Motivation für dieses Fachprojekt) grundsätzliche, organisatorische Fragen erörtert, wie den Projektinhalt und das Projektziel: Erstellen eines Readers von Studierenden für Studierende zum Thema „Braucht Demokratie Religion", wodurch die Methodik des Projektmanagement ausbaufähig erarbeitet werden soll. Umfang und Inhalt der Arbeitsziele wurden besprochen.

Bei einem weiteren Termin haben wir das ABC der Teamarbeit und der Projektplanung erarbeitet, dazu wurden die Teamtrainings-Module nach Herrn Professor Heinz Joachim

Feuerstein und Herrn Professor Dr. Jürgen Fischer verwendet. Dabei wurde auf Projektziele und Aufgabenverteilung sowie Teamsteuerung großen Wert gelegt. Entwickelt wurden die Grundsätze und Regeln für die Zusammenarbeit im Team.

Besonders hervorgehoben wurde die Bedeutung sorgfältiger Planung im Hinblick auf materielle, personelle und zeitliche Ressourcen. Dabei wurde auch deutlich gemacht, dass es nicht nur darauf ankommt, materielle und personelle Ressourcen insgesamt im erforderlichen Rahmen zur Verfügung zu haben, sondern auch „zur richtigen Zeit und am richtigen Ort".

Die wichtige und unverzichtbare Bedeutung des Gantt-Diagrammes für jedes Projektmanagement wurde gemeinsam erarbeitet und während jeder Zusammenkunft nochmals besprochen bzw. überprüft.

Dabei wurde einführend u.a. auch das Spiel „Sin-Obelisk" als Erfahrungswert eingesetzt, welches sich bereits mehrfach bei Teamtrainings durch Frau Professorin Dr. Claudia Trippel und Herrn Prof. Dr. Jürgen Fischer bewährt hat. Auch dieser Teil der Einführung wurde virtuell durchgeführt, wobei sich eine gute und zielgerichtete Vorbereitung bewährt hat: Den Studierenden wurden jeweils vor dem Termin einzelnen die notwendige Zahl von „Informationskarten" übermittelt. Sinn und Ziel des Spieles wurden gemeinsam erörtert, der Gruppe danach die Eigenarbeit überlassen. Trotz der virtuellen Durchführung, die von den Teilnehmenden ein noch höheres Maß an Konzentration und Koordination in der Gruppe verlangt, als die Durchführung dieses Spieles in Präsenz, konnte das Spiel erfolgreich und wirkungsvoll durchgeführt werden. Die Übung war beeindruckend und hat ihren Zweck voll und ganz erfüllt.

2. Vertiefungstermine: Ergänzende Ausführungen zum Projektmanagement

Es wurde verdeutlicht, dass das gleiche Projekt nicht dasselbe Projekt ist: Wenn wir ein Zimmer sanieren und neu ausstatten, so ist es ein bedeutender Unterschied, ob wir unser privates Wohnzimmer umgestalten, oder ein dienstliches Arbeitszimmer (wobei hier ebenfalls nochmals zu unterscheiden ist zwischen dem Büro des Chefs des Bundeskanzleramts und dem eines Sachbearbeiters bei einer Kommune). Auch der Bau einer Brücke ist sehr differenziert zu sehen: Von der einfachen Holzbrücke für einen nur zu Fuß nutzbaren Wanderweg bis hin zu einer aufwändigen Autobahnbrücke – nicht nur im Hinblick auf Statik und Bauweisen, sondern auch mit Blick auf Gewässer-, Natur- und Artenschutz.

Und letztendlich darf die Finanzierung bei keinem Projekt vernachlässigt werden: Die öffentliche Hand kann es sich, genauso wenig wie der seriöse Private, nicht erlauben ein Projekt zu beginnen – und muss es dann womöglich erfolglos auf halbem Wege abbrechen, weil die notwendigen Mittel nicht vorhanden sind.

An Hand einer vom Projektleiter selbst entwickelten Präsentation wurden die wichtigsten Punkte des Projektmanagements nochmals wiederholt und vertieft.

In diesem Projektteil wurden auch die zu bearbeitenden Themen einvernehmlich entwickelt und festgelegt.

3. Wiederholungstermine: Wiederholung und Rückfragen / Diskussion

Hier wurde insbesondere nochmals auf die Frage der Projektbeteiligten eingegangen: Nicht nur die direkt eingebundenen Personen sind damit gemeint (Stakeholder und Projektteam), sondern auch alle anderen, die ein Interesse an der Umsetzung (oder auch Verhinderung!) eines Projektes haben oder haben könnten. Diese, im Allgemeinen mit Öffentlichkeit zu umschreibende Gruppe kann in irgendeiner Weise wirtschaftlich betroffene Kreise umfassen, genauso wie Nachbarn und Presse, aber auch Verbände und Organisationen aller Art – die in irgendeiner Weise direkt oder indirekt vom Projekt betroffen sein können oder sich betroffen fühlen können.

Solidarität und Zusammenhalt im Projektteam. Zielführend: Teamgeist, nicht Einzelkämpfertum. Man muss die Kompetenzen und Aufgaben genau festlegen und sich immer gut austauschen.

Umgang mit der Presse / den Medien vorausbedenken. Auf überraschende Nachfragen zurückhaltend reagieren (Ihre berechtigte Anfrage müssen wir in der nächsten Planungsrunde detailliert klären), jedoch nicht auffällig hinhaltend (führt zu Vertrauensverlusten!). Niemals die Medien mit bewusst falschen Informationen versorgen, das einmal verlorene Vertrauen lässt sich, wenn überhaupt, nur über einen sehr langen Zeitraum wieder aufbauen.

Daran denken: Gegen die allgemeine, öffentliche Stimmung lässt sich, wenn diese gerade „en vogue" ist, nur mit äußerst sachlichen und ruhigen Argumenten angehen. Ob man dem Zeitgeist überhaupt je wirksam wird entgegensteuern können, muss zumindest bezweifelt werden. Emotionalität anderen überlassen, immer ruhig bleiben. Es ist immer besser, zu versuchen, die vermeintliche Gegenseite als Verbündeten zu gewinnen und zu überzeugen.

Ruhige Sachlichkeit kann auf ein sehr emotionales Gegenüber aber auch sehr provozierend wirken. Man muss diesem Gegenüber dann, je nach Situation, möglichst die Chance geben „Dampf aus dem Kessel" zu lassen, um wieder ein sachliches und konstruktives Miteinander zu ermöglichen. Der Stärkere bleibt auf Dauer immer derjenige, der ruhig und sachlich zu argumentieren versteht.

Ferner wurde systematisch auf den Abschlussbericht für unser Projekt, auf den gemeinsam zu erstellenden Reader als selbstgewähltes Projektziel sowie die filmische Präsentation hingearbeitet.

„Braucht Demokratie Religion" im freiheitlichen Rechtsstaat

Eine subjektive Übersicht zur Einführung

Ralf Bernd Herden

Demokratie braucht die Freiheit des Glaubens – sowohl für Glaubensgemeinschaften, als auch für den Einzelnen. Sich frei entscheiden zu können, woran man glauben will (oder auch nicht!), die Freiheit, einen selbst gewählten Glauben zu haben – oder auch keinen Glauben zu haben. Und die Freiheit, all dies nach außen zu bekennen – oder nach der freien, inneren Entscheidung auch einfach nur für sich zu behalten.

Religionsfreie Räume in dem Sinne, dass man in der toleranten Gesellschaft vor jeder Form des religiösen Bekenntnisses geschützt ist, gibt es nicht. Es kann in einer offenen Gesellschaft gar keine völlig religionsfreien Räume geben – nur den Anspruch, davor geschützt zu werden, sich irgendwelchen Religionsübungen anzuschließen oder gar zu unterwerfen. Also keinen Zwang zu erfahren. Wie komplex diese Thematik ist, zeigen verfassungsgerichtliche Entscheidungen, für deren ausführliche und abwägende Diskussion jedoch in der Kürze der Zeit kein ausreichender Raum war. Insoweit war Artikel 4 des Grundgesetzes

(1) Die Freiheit des Glaubens, des Gewissens und die Freiheit des religiösen und weltanschaulichen Bekenntnisses sind unverletzlich.

(2) Die ungestörte Religionsausübung wird gewährleistet.

(3) Niemand darf gegen sein Gewissen zum Kriegsdienst mit der Waffe gezwungen werden. Das Nähere regelt ein Bundesgesetz.

die unstrittig anerkannte Gesprächsgrundlage überhaupt, aber keine besonders hervorzuhebende Arbeitsgrundlage für unser Fachprojekt.

Freiheit – Gesetzesvorbehalt – Ordre publique

Der **Tübinger Vertrag** zwischen den Württembergischen Landständen und Herzog Ulrich wurde am 8. Juli 1514 geschlossen. Fragen wie Steuererhebung, Kriegswesen, Freizügigkeit und freie Berufswahl und ordnungsgemäße Strafverfahren wurden erstmals in Deutschland geregelt. Die Religion wurde noch nicht erwähnt – Martin Luthers

Thesenanschlag erfolgte erst am 31. Oktober 1517 – denn Deutschland war damals noch „konfessionseinheitlich" rein katholisch...

Trotzdem kann man den Tübingen Vertrag als „Magna Charta" für Württemberg betrachten. Hätte es damals schon die Konfessionstrennung gegeben, die gut und treu lutherischen Württemberger hätten sich da ganz bestimmt ihren Glauben gegenüber ihrem Landesherren absichern lassen. Religionsfreiheit wäre damit aber wohl mit sehr hoher Wahrscheinlichkeit weder gefordert, noch gar festgeschrieben worden.

Nach der Kirchenspaltung in Folge der Reformation – die Martin Luther so gar nicht gewollt hatte – wandelte sich das Bild, die Bewertung und die Rechtsstellung der Kirchen durch das „cuis regio, eius religio" (*wessen Gebiet, dessen Religion*, im damaligen Sprachgebrauch oft *„wes der Fürst, des der Glaub"*) des **Augsburger Religionsfriedens** von 1555, das weithin bis zum Ende des **Westfälischen Friedens** 1648 galt.

Zwischen „Kirchenstaat(en)" und „Staatskirche(n)" gab es fernerhin besondere Verbindungen in Deutschland, wo Fürstbischöfe, Fürstäbte und Klöster bis zum Reichsdeputationshauptschluss 1803 (ihm fielen durch Säkularisation u.a. als geistliche Herrschaften mit weltlicher Macht 9 Hochstifte und 44 Reichsabteien zum Opfer) nicht nur geistliche Herren, sondern auch Landesherren waren. Und auch in den weltlichen Herrschaften blieb die Verbindung zwischen Staat und Kirche intensiv: Die Evangelischen Landeskirchen hatten in Gestalt ihres Landesherrn diesen auch als geistlichen Oberhirten ihrer Kirche.

Die großen zivilrechtlichen Kodifikationen, wie das Preußische Allgemeine Landrecht von 1794 oder das Badische Landrecht von 1810, stellen ebenfalls bemerkenswerte Trittsteine auf dem Weg zu einer immer freiheitlicher werdenden Rechtsordnung dar – wenn beide auch nur sehr begrenzte, direkte Auswirkungen auf religionsverfassungsrechtliche Entwicklungen hatten.

Religionsfreiheit im angehenden 19. Jahrhundert: Das konnte in nicht wenigen Fällen noch auf das Recht der Hausandacht beschränkt sein, und die „nicht herrschende Konfession" bedurfte oft noch lange einer landesherrlichen Genehmigung, um ein Gotteshaus zu bauen bzw. eine Kirchengemeinde errichten zu dürfen.

In Baden, Württemberg und Preußen blieb das Landesherrliche Kirchenregiment bis zur Weimarer Reichsverfassung 1919 bestehen. Daneben auch das staatliche Aufsichtsrecht des Landesherrn über alle Glaubensgemeinschaften seines Territoriums. Und noch 1895 gab es in Baden nicht nur „Großherzoglich Badische Amtsgerichte", oder auch „Großherzoglich Badische Evangelische Pfarrämter" und „Großherzoglich Badische Katholische Pfarrämter" sondern auch das „Großherzoglich Badische Bezirksrabbinat Mosbach", welches die Stelle eines Religionslehrers ausschrieb. Kirche und Synagoge waren dem jeweils herrschenden Landesherren zumindest sehr eng verbunden - und unterstanden dem weltlichen Kirchenministerium ihres Landesherrn, der weltlichen Aufsicht der Staatsregierung ohne Rücksicht auf Bekenntnis und Konfession.

An dieser Verbundenheit hatte auch die Aufklärung (ich selbst bevorzuge das englische Wort „enlightment") nicht allzu viel geändert. Rationales Denken, Hinwendung zur Naturwissenschaft und die Forderung nach Toleranz wurden zwar ab dem Beginn des 18. Jahrhunderts wissenschaftliche und auch gesellschaftliche Bestrebungen, die nicht nur in der amerikanischen Unabhängigkeit (1776), sondern auch in der französischen Revolution ihren Ausdruck fanden (1789). Sie fanden breiten Rückhalt in Kunst, Literatur und Gesellschaft. Genannt seien hier nur die Namen Issac Newton, Jean Jacques Rousseau, John Locke, Gotthold Ephraim Lessing und Immanuel Kant, die in die Fußstapfen des Humanisten Erasmus von Rotterdam getreten waren.

Erwähnt sei auch Friedrich der Große, der als König von Preußen der 1717 in England gegründeten Freimaurerei ab 1740 in Deutschland eine Entwicklungsbasis schuf. Es muss aber zugleich angemerkt werden: Fortschritt und Toleranz im Sinne unserer heutigen Denkweise gab es nur für diejenigen, welche einen entsprechenden sozialen und wirtschaftlichen Status besaßen. Die „Normalverbraucher" vor allem der ländlichen Arbeitsbevölkerung (eine industrielle Arbeiterschaft war erst ab der Wende zum 19. Jahrhundert im Entstehen) hatte noch zu glauben, was ihm vorgegeben wurde. Und war oft noch so traditionstreu, dass ihm selbst von der Obrigkeit ausgehende, kirchliche Reformen noch sehr suspekt war.

Teilidentität von Kirche und Staat: Kirche und Staat waren bis zum Ende des deutschen Kaiserreiches in Deutschland zumindest „teilidentisch".

Vor allem vielen Evangelischen fiel es mehr als schwer, sich an die Trennung von Kirche und Staat, welche die Weimarer Reichsverfassung 1919 bestimmte, zu gewöhnen: Die Landeskirchen waren bisher „Quasistaatskirchen" gewesen, zwar nicht mehr mit dem ursprünglichen Exklusivitätsanspruch, aber doch mit herausgehobener

„Wohlwollensgewährung" durch den jeweiligen Landesherrn – der zugleich die umfassende, oberste Kirchengewalt auch im geistlichen Sinne ausübte.

Trennung im Sinne rechtlich geregelter Säkularisation: Durch ihren Artikel 137 bestimmte die Weimarer Reichsverfassung von 1919 die Trennung von Kirche und Staat:

(1) Es besteht keine Staatskirche.

(2) Die Freiheit der Vereinigung zu Religionsgesellschaften wird gewährleistet. Der Zusammenschluss von Religionsgesellschaften innerhalb des Reichsgebiets unterliegt keinen Beschränkungen.

(3) Jede Religionsgesellschaft ordnet und verwaltet ihre Angelegenheiten selbständig innerhalb der Schranken des für alle geltenden Gesetzes. Sie verleiht ihre Ämter ohne Mitwirkung des Staates oder der bürgerlichen Gemeinde.

(4) Religionsgesellschaften erwerben die Rechtsfähigkeit nach den allgemeinen Vorschriften des bürgerlichen Rechtes.

(5) Die Religionsgesellschaften bleiben Körperschaften des öffentlichen Rechtes soweit sie solche bisher waren. Anderen Religionsgesellschaften sind auf ihren Antrag gleiche Rechte zu gewähren, wenn sie durch ihre Verfassung und die Zahl ihrer Mitglieder die Gewähr der Dauer bieten. Schließen sich mehrere derartige öffentlich-rechtliche Religionsgesellschaften zu einem Verbande zusammen, so ist auch dieser Verband eine öffentlich-rechtliche Körperschaft.

(6) Die Religionsgesellschaften, welche Körperschaften des öffentlichen Rechtes sind, sind berechtigt, auf Grund der bürgerlichen Steuerlisten nach Maßgabe der landesrechtlichen Bestimmungen Steuern zu erheben.

(7) Den Religionsgesellschaften werden die Vereinigungen gleichgestellt, die sich die gemeinschaftliche Pflege einer Weltanschauung zur Aufgabe machen.

(8) Soweit die Durchführung dieser Bestimmungen eine weitere Regelung erfordert, liegt diese der Landesgesetzgebung ob.

Daran ist allein schon auffällig, dass man vom Begriff einer „Staatskirche" ausging. Eine „Staatssynagoge" oder „Staatsmoschee" hatte es in Deutschland ja nie gegeben.

Artikel 140 GG hat u.a. diese Bestimmung mit Verfassungsrang in das Grundgesetz der Bundesrepublik Deutschland übernommen. Bemerkenswert ist dabei, dass man auf dem Weg zu einer offeneren und gerechteren Gesellschaft und im Bestreben toleranter Erneuerung einerseits die „wohlerworbenen Rechte" der bisher bereits öffentlichrechtlich-körperschaftlich organisierten Religionsgesellschaften (dies betraf damals – fast – nur die evangelischen Landeskirchen, die römisch-katholischen und die altkatholischen

Gemeinden sowie die jüdischen Gemeinden) genauso sichern wollte, als auch eine für die Zukunft gleichstellende Offenheit garantieren wollte.

Es war nun eindeutig klar, und verfassungsrechtlich garantiert, dass nicht nur weitere Religionsgemeinschaften, sondern auch „Vereinigungen, die sich die gemeinschaftliche Pflege einer Weltanschauung zu eigen machen" Anspruch darauf hatten, dass ihnen von Staats wegen gleiche Rechte zuerkannt werden. Dies hat, insbesondere im Hinblick auf den besonderen Schutz und die besondere Förderung, den die öffentlich-rechtlichen Religionsgemeinschaften über die allgemeinen Grundsätze hinaus genießen, zumindest potentiell eine große Bedeutung.

Der gewährte Pluralismus geht darüber hinaus Hand in Hand mit einem deutlich höheren Maß an Eigenverantwortung, welche die Religionsgemeinschaften jetzt erhielten: Ihre inneren Angelegenheiten selbstverantwortlich zu leiten und ihre Ämter ohne Mitwirkung des Staates oder der Gemeinden zu besetzen. Bestehen blieben aber bis heute die Patronatsrechte (der ehemaligen Grund- bzw. Standesherren), welche jedoch nicht als Ausfluss staatsrechtlicher, sondern als Teil kirchenrechtlicher Regelungen angesehen werden. Dies ist insbesondere ein deutliches Zeichen dafür, wie sorgfältig und systematisch in diesem anspruchsvollen Rechtsbereich des Religionsverfassungsrechts (früher: Staatskirchenrechts) differenziert werden muss. Zu beachten ist z.B. auch, dass es in Deutschland Staatsleistungen an die Kirchen gibt, die im Einzelfall als Entschädigung für eingezogenen Kirchenbesitz eingeräumt worden sind. Diese Leistungen beruhen auf Verträgen und sind keine rechtsgrundlosen Geschenke.

Trennung im Sinne rechtlich geregelten, französischen Laizismus: Der Laizismus ist der französische Weg, in konsequenter Übertragung der Prinzipien der französischen Revolution in die Gegenwart jede Quasieinheit von Kirche und Staat auszuschließen. Mit einer Ausnahme: Der Kultusverfassung im ehemaligen Elsass-Lothringen, welche sich noch heute an die deutschen Regelungen anlehnt.

Was hat all dies mit Demokratie zu tun? Diese Ideen und Philosophien waren und sind auch Teil jenes speisenden Urquells, der die demokratische Entwicklung im traditionellen, westeuropäischen Sinn erst ermöglicht hat. Die Emanzipation zuerst von der Religion, vom Glauben, von der Kirche – danach vom Fürsten.

Es sei daran erinnert, dass die (persönliche) innere Gewissensfreiheit und die äußere Gewissensbekundungsfreiheit genauso Kinder der Neuzeit sind, wie die (gemeinschaftliche) Freiheit, sich zu Glaubensgemeinschaften zusammenzufinden und diesen Glauben auch gemeinsam, nach außen wirksam (öffentlich) ausüben zu dürfen.

Der bereits zur guten Tradition gewordene Commonwealth Service, der in London in der Westminster Abbey stattfindet, weist genauso wie die religiöse Vielfalt der US Presidential Inauguration möglicherweise neue Wege und Ansätze: Pluralismus mit nachvollziehbaren Konturen und erlebbarem Inhalt. Man muss nicht unbedingt von einer neuen Zivilreligion ausgehen – Interreligiöse Feiern und Gebete können nicht nur bei besonderen Anlässen Menschen zusammenführen.

Die gegenwärtige Entkirchlichung muss nicht zwangsläufig ihre Ursache in einer Glaubensdistanz haben. In nicht wenigen Fällen führen weder glaubensfeindliche, noch „kirchensteuerlastige" Ursachen zum Kirchenaustritt. Eher sogar in vielen Fällen sind heute recht weltliche Anlässe oder Ereignisse in den Kirchen – und nicht Glaubensdifferenzen - die Ursache, dass Kirchen Vertrauen verlieren. Die Zukunft wird weisen, ob es gelingt, dieses verlorene Vertrauen zurückzugewinnen.

Unverzichtbar sollte allerdings auch (sowohl für Verantwortungsträger in der Politik, als auch in der Gesellschaft) ein Blick auf die Rechtsphilosophie Gustav Radbruchs sein. Nicht nur sein Aufsatz „Gesetzliches Unrecht und übergesetzliches Recht" (1946) wird in seiner moralischen Dimension nie von seiner zeitlosen Aktualität verlieren.

Neben Religionen und Weltanschauungen sind heute aber auch ethische Wertegemeinschaften vom Gesetz zu schützen. Sie besitzen zumindest eine abgeschlossene Lehre hinsichtlich des menschlichen Verhaltens im Miteinander, ohne jedoch abschließend eine Heilerwartungslehre zu verlangen oder zu verneinen. Ihre soziale Wertigkeit darf nach Ansicht des Verfassers rechtlich nicht geringwertiger angesehen werden, als dies bei Religionen oder Weltanschauungen der Fall ist.

Braucht Demokratie Religion? Diese Frage lässt sich individuell aus sehr vielen Blickwinkeln und sehr vielschichtig beantworten.

Demokratie und Religion bedingen einander nicht – sie können sich aber gegenseitig in sozial höchst verantwortungsvoller Weise bereichern. Gleiches gilt jedoch auch für alle anderen Weltanschauungsgemeinschaften oder ethischen Wertegemeinschaften, welche sich neben dem Wohl für das Individuum zumindest gleichrangig auch dem Wohl der Gesamtgesellschaft (und nicht nur der eigenen Gemeinschaft) verpflichtet sehen.

Braucht Religion Demokratie? Religion im christlich-liberalen Sinne braucht die Strukturen eines liberal-demokratischen Rechtsstaates – sowohl um sich entfalten zu können, als auch zum Schutz legitimierter Glaubensausübung.

Braucht Demokratie Rechtsstaatlichkeit? In jedem Falle, denn ohne Rechtsstaatlichkeit kann es eigentlich keine Demokratie geben.

Braucht Rechtsstattlichkeit Religion? Rechtsstattlichkeit braucht Inspiration, vor allem Inspiration von und zur Gerechtigkeit. Diese Inspiration kann sowohl religiös oder philosophisch begründet sein. Stets aber muss die Inspiration aber die allgemeinen Gesetze anerkennen.

Braucht Religion Rechtsstaatlichkeit? Rechtstaatlichkeit ist die Grundlage von Religionsfreiheit. Insofern ist Rechtsstaatlichkeit unverzichtbar.

Eine in ihrer (auch zukünftigen) Aktualität nicht zu unterschätzende Frage ist jene, wie das Wirken von Kirchen, Religions- oder Weltanschauungsgemeinschaften nichtdeutscher Nationalität in Deutschland zu betrachten ist. Auch hier sind große und bemerkenswerte Unterschiede zu beobachten.

Die römisch-katholische Kirche als weltumfassend einheitliche Kirche ist Völkerrechtssubjekt im doppelten Sinne: Zum einen durch den **Vatikanstaat**, zum anderen durch die völkerrechtliche Stellung des **Heiligen Stuhls** (als nichtstaatliche, souveräne Macht des Völkerrechts). Die gleiche Eigenschaft kommt der religiösen Vereinigung des **Souveräne Malteserordens** (mit vollem Namen *Souveräner Ritter- und Hospitalorden vom Heiligen Johannes von Jerusalem, von Rhodos und von Malta* – früher *zu Jerusalem, genannt von Rhodos, genannt von Malta*) zu. Der Heilige Stuhl schließt Konkordate über die Zusammenarbeit mit dem Staat ab, seine örtlichen Gemeinden und Bistümer anerkennen das staatliche, für alle allgemein geltende Recht und tragen den verfassungsrechtlichen „ordre publique" der Bundesrepublik mit.

Gleiches gilt auch für die *Dansk Kirke i Sydslesvig*. Sie hat als Freikirche den Status eines eingetragenen Vereins und ist als Auslandskirche mit der lutherischen, dänischen Volkskirche eng verbunden. Auch in diesem Falle hat es nie Spannungen irgendwelcher Art gegeben.

Schwieriger kann sich dies bei anderen Bekenntnissen darstellen, deren in Deutschland ansässige Auslandsgemeinden durch Finanzierung, Ausbildung und Entsendung der

Geistlichen beispielsweise von einem anderen Staat zumindest unterstützt und gefördert werden. Was in anderen Ländern deren Gesetzen entspricht und als deren innere Angelegenheit von hier aus weder bewertet werden kann, noch darf, könnte sich zumindest theoretisch zu einem Loyalitätskonflikt hin entwickeln. Hier gilt es durch gesamtstaatliche, diplomatische Regelungen einen fairen und sachgerechten Ausgleich sicher zu stellen, welcher vor allem Möglichkeiten konstruktiver Kooperation suchen sollte.

Ferner darf nicht unterschlagen werden, dass die Werte der westlichen Aufklärung (enlightenment) nicht weltweit anerkannt werden. Es gibt Religionen, in denen sich die Frage nach einer Demokratie gar nicht stellt. Dies würde insbesondere für sog. „Gottesstatten" gellen, in denen die religiösen Gesetze zugleich auch die weltlichen Gesetze sind. In vielen Fällen werden die Menschenrechte dann auch unter anderen Schwerpunkten und Bewertungskriterien betrachtet, als wir dies aus traditionellen, westlichen Betrachtungen heraus gewohnt sind.

Staat und Kirchen (Religions- und Weltanschauungsgemeinschaften) in der Weimarer Reichsverfassung 1919

N.N.

1 Einleitung

Die Frage, wie Demokratie und Religion zusammenpassen, beschäftigt schon lange viele Denker, darunter Philosophen, Theologen und Experten für Politik. Besonders in Deutschland, wo Staat und Kirche eine lange gemeinsame Geschichte haben, stellt sich diese Frage immer wieder. Mit dem Ende des Kaiserreiches und der Einführung der Weimarer Republik wurde diese Diskussion besonders wichtig, da ein neuer, demokratische Staat entscheiden musste, wie er mit der Religion und den Kirchen umgehen sollte. Ein entscheidender Wendepunkt in dieser Beziehung war die Verabschiedung der Weimarer Reichsverfassung im Jahr 1919. Mit dieser Verfassung wurde in Deutschland erstmals der Grundsatz „es besteht keine Staatskirche" (Art.137 Abs.1 GG) festgelegt, was eine klare Trennung von Staat und Religion markierte. Die Weimarer Reichsverfassung führte drei ausschlaggebende Prinzipien ein, die bis heute das Verhältnis von Staat und Religionen in Deutschland prägen. Die drei Prinzipien lauten Religionsfreiheit, Trennung von Staat und Religionsgemeinschaften, sowie deren Selbstbestimmungsrecht. Diese Grundsätze bedeuten eine Neuordnung der Beziehung zwischen Staaten und Religion, wobei die Kirche an Einfluss der Politik gegenüber verlor. Trotz dieser Trennung blieb die Bedeutung der Religion für die Gesellschaft und für die Demokratie erhalten. Die Verfassung ermöglicht einerseits die freie Ausübung von Religion, begrenzte aber gleichzeitig deren politischen Einflussbereich. Dies führt zu einem Modell, dass oft als „getrennt und doch partnerschaftlich verbunden" (2014, Martin Dutzmann, EKD) beschrieben wird. Die Weimarer Reichsverfassung legte somit den Grundstein für ein neues Verhältnis zwischen dem deutschen Staat und der Religion. Dieses Gleichgewicht zwischen der religiösen Freiheit und der neutralen Haltung des Staates bleibt bis heute ein zentraler Aspekt in der Diskussion um die Frage, welche Vor- aber auch Nachteile die Weimarer Verfassung durch ihre Einführung, für die Vielfalt und Freiheit, religiöser Gemeinschaften bietet.

2 Staat und Kirchen in der Weimarer Reichsverfassung 1919

2.1 Geschichtlicher Hintergrund

Mit der Weimarer Reichsverfassung wurde erstmals in Deutschland die Trennung von Kirche und Staat rechtlich festgelegt. Der Artikel 137 bestimmte, dass es keine Staatskirche mehr geben sollte. Kirchen wurden als „Körperschaften des öffentlichen Rechts" angesehen, hatten jedoch keine rechtliche Sonderstellung mehr im Vergleich zu anderen weltanschaulichen Organisationen. Diese Regelung beförderte die Säkularisierung, indem sie die Religion von staatlichen Angelegenheiten fernhielt und eine neue Grundlage für die religiöse Vielfalt schuf. Die Weimarer Verfassung garantierte die Religionsfreiheit nach Artikel 136, wodurch alle Bürger unabhängig von ihrer Religionszugehörigkeit dieselben staatsbürgerlichen Rechte erhielten. Der Staat verpflichtete sich, neutral gegenüber Religionen und Weltanschauungen zu handeln, was erstmals auch die Anerkennung nicht-christlicher Glaubensrichtungen und säkularer Weltanschauungen förderte. Das Christentum war 1919 weiterhin die dominierende Religion, doch die Trennung von Kirche und Staat führte zu einem Bedeutungsverlust der Kirchen in politischen und gesellschaftlichen Angelegenheiten. Dennoch behielten sie einen starken Einfluss, insbesondere gegenüber dem Bildungs- und Sozialwesen, was die Verbindung zwischen der Religion und der Gesellschaft in gewissen Teilen aufrechterhielt. Die jüdischen Gemeinden waren ebenso ein wichtiger Teil der deutschen Gesellschaft, doch der Antisemitismus war schon zu dieser Zeit weit verbreitet und nahm in der Zeit nach 1919 sogar zu.

In der Weimarer Republik nahmen humanistische und wissenschaftliche Werte an Bedeutung zu. Werte, wie Vernunft, Wissenschaft und Ethik wurden von der Gesellschaft als wichtig eingestuft. Das führte zu Konflikten zwischen weltlichen und religiösen Gruppen. Die politischen und sozialen Spannungen in der Weimarer Republik führten jedoch gleichzeitig dazu, dass diese Vielfalt nicht immer von der Gesellschaft akzeptiert wurde. In der Weimarer Zeit entstanden neue Ideen über die Welt. Sozialistische und kommunistische Gruppen hielten die Religion für veraltet und wollten eine säkulare Gesellschaft. Die Trennung von Staat und Kirche war zwar ein bedeutender Fortschritt der Zeit, doch die Gesellschaft behielt in vielen Bereichen, wie bei traditionellen religiösen und weltanschaulichen Konflikten, vergangenes im Gedächtnis. Die Zeit der Weimarer

Republik war daher eine Phase der Neugestaltung, in der die Religion und Weltanschauungen neu verhandelt wurden.

2.2 Religions- und Weltanschauungen in der Weimarer Republik

Um das Jahr 1919 standen Religions- und Weltanschauungen unter dem Einfluss großer, politischer und gesellschaftlicher Veränderungen. Die Weimarer Republik brachte neue Freiheiten jedoch auch Konflikte in die damalige Gesellschaft. In Deutschland waren die meisten Menschen entweder evangelisch oder katholisch. Die evangelische Kirche hat zur damaligen Zeit eng mit dem Staat zusammengearbeitet, musste sich jedoch nach der Trennung von Staat und Kirche neu finden. Die katholische Kirche hingegen stand der neuen Demokratie zunächst kritisch gegenüber, arbeitete jedoch mit ihr zusammen. Die jüdische Gemeinschaft war vielfältig und bestand aus liberalen, orthodoxen und säkularen Juden. Trotz der rechtlichen Gleichstellung wurden Juden jedoch häufig diskriminiert, da sie als verantwortlich für die wirtschaftliche Krise und politische Instabilität gesehen wurden und dadurch nahm der Antisemitismus zu. Neben den traditionellen Religionen entstanden auch neue religiöse Bewegungen, wie die Anthroposophie oder Lebensform. Die Religionskritik war vor allem durch säkulare und sozialistische Aktionen stark ausgeprägt. Der Marxismus und der Kommunismus sahen die Religion als „Opium des Volkes" (Katholisch.de, 12.12.2024), welches aus einer Abwandlung eines Zitates von Karl Marx stammt und die ruhige und ablenkende Wirkung der Religion auf die Gesellschaft beschreibt. Außerdem zweifelten andere Denkrichtungen, wie der Positivismus an den Glauben an Gott. 1919 war eine Zeit des Umbruchs, Religionen mussten sich an neue Freiheiten und Herausforderungen anpassen, während viele Menschen sich alternativen Weltanschauungen zugewendet haben. Die Vielfalt an Überzeugung führten zu neuen Möglichkeiten, aber auch zur Spannung in der Gesellschaft.

2.3 Vergleich zu Heute

Ein Vergleich der Religions- und Weltanschauungen zwischen 1919 und heute zeigt, wie sehr sich die Gesellschaft, Religion und Philosophie in Deutschland über die letzten 100 Jahre verändert haben. Dabei lassen sich sowohl Unterschiede als auch beibehaltene Prozesse erkennen. Im Jahr 1919 war das Christentum die verbreitetste Religion in der deutschen Gesellschaft. Die meisten Menschen waren entweder evangelisch oder katholisch, und obwohl die Kirche und der Staat mit der Weimarer Verfassung voneinander getrennt wurden, hatten die Kirchen weiterhin einen starken Einfluss auf die Kultur, Bildung und Moral der damaligen Zeit. Das Judentum war ebenfalls ein wichtiger Bestandteil der Gesellschaft jedoch nicht so verbreitet, wie das Christentum. In den folgenden Jahrzehnten verschlimmerte sich die Lage der jüdischen Bevölkerung dramatisch. Das Judentum wurde nach dem Holocaust und der Verfolgung im Zweiten Weltkrieg stark beeinträchtigt, fand jedoch heute wieder seinen Platz in der Gesellschaft und wird auch von der heutigen Gesellschaft mit Akzeptanz und Anerkennung geschätzt. Gleichzeitig haben spirituelle Strömungen, Esoterik sowie nicht-traditionelle Religionen wie Buddhismus an Anerkennung gewonnen, was auf eine größere Vielseitigkeit in den religiösen und weltanschaulichen Ansichten hinweist. Die Gesellschaft ist immer mehr säkular, und viele Menschen bezeichnen sich als unreligiös. Im Jahr 1919 gewann der Säkularismus zunehmend an Einfluss, vor allem durch die Trennung von Kirche und Staat aber auch durch die Enttäuschung der Menschen über die Religion nach dem Ersten Weltkrieg, da viele erwarteten, dass die Religion sich stärker gegen Gewalt und den Krieg einsetzt, jedoch überwiegend nur schweigend zusah. Die gebotene Vielfältigkeit wurde insbesondere in Bezug auf religiöse Minderheiten, oft abgelehnt oder wurde nur widerwillig akzeptiert. Zudem hatten religiöse und weltanschauliche Konflikte einen großen Einfluss auf politischen Debatten, was die gesellschaftliche Spaltung weiter verstärkte.

Ein Vergleich der Weltanschauungen zwischen 1919 und heute verdeutlicht die gesellschaftlichen, ideologischen und kulturellen Entwicklungen, die sich in den letzten 100 Jahren vollzogen haben. Heute zeigt sich ein ganz anderes Bild. Die Vielfalt wird heutzutage viel stärker gefordert und ist sogar rechtlich geschützt, so die Religionsfreiheit in Artikel 4 GG. Der Säkularismus ist stark verbreitet, und viele Menschen sind religionslos oder lehnen Religionen ab, orientieren sich aber weiterhin an ethischen Werten. Sozialismus und Kommunismus haben an Bedeutung verloren, dagegen beschäftigt sich die heutige Gesellschaft mit dem Kapitalismus und der sozialen Gerechtigkeit, welches oft zu vielen Diskussionen führt. Völkische Ideologien wurden nach dem 2. Weltkrieg lange von der Gesellschaft verachtet, sind jedoch in den letzten Jahren in Parteien oder anderen Gruppierungen wieder sichtbar geworden. Dennoch werden diese auch von der heutigen Gesellschaft überwiegend abgelehnt und verachtet. Der Humanismus gewinnt zunehmend an Bedeutung, Werte wie, Gleichberechtigung und individuelle Freiheit, sowie die Menschenrechte prägen heute viele Gesellschaften weltweit. Die Entwicklung bringt ebenso Antidiskriminierungsgesetze, welche man im deutschen Gesetzbuch findet sowie ein gestiegener Stellenwert von Menschenrechten mit sich. Dennoch bestehen weiterhin

Spannungen, insbesondere durch Erscheinungen, wie die Feindlichkeit dem Islam gegenüber, Antisemitismus oder andere durch Populismus entstandene Feindlichkeiten. Gleichzeitig findet in der heutigen Gesellschaft ein Austausch ohne jegliche Konflikte zwischen religiösen und säkularen Ansichten statt, was den gesellschaftlichen Umgang untereinander fördert.

Zusammenfassend lässt sich feststellen, dass die heutige Gesellschaft offener für verschiedene Religionsanschauungen, sowie auch Weltanschauungen ist, auch wenn die neuen Herausforderungen, wie der Rechtsextremismus und die Globalisierung, die Akzeptanz von Vielfalt weiterhin auf die Probe stellen.

2.4 Argumentation

Die Weimarer Reichsverfassung brachte durch die Einführung der Religionsfreiheit und die Trennung von Staat und Kirche tiefgreifende Veränderungen mit sich. Diese Neuerungen sollten die individuelle Freiheit stärken und eine vielfältige Gesellschaft fördern, führten jedoch auch zu neuen Herausforderungen, die sowohl gesellschaftliche als auch politische Konflikte mit sich führen.

Ein zentrales Problem der Trennung von Staat und Kirche war die, durch die Weimarer Verfassung ausgelöste Instabilität, die durch die zunehmenden religiösen und weltanschaulichen Gruppen entstand. Die Vielfalt brachte Spannungen mit sich, da Konflikte zwischen den verschiedenen Gemeinschaften in der Weimarer Republik nicht vollständig gelöst werden konnten. Zudem bot die instabile politische Lage extremistischen Gruppen, wie den Nationalsozialisten, die Möglichkeit, religiöse Minderheiten, insbesondere die Juden, zu diskriminieren und gesellschaftliche Spannungen weiter anzuheizen.

Durch die politische Instabilität kam es zur Gefährdung der Religionsfreiheit. Rechtsextremistische Gruppen, wie die Nationalsozialisten oder Kommunisten wurde einen Spielraum gegeben, die neue Verfassung außer Kraft zu setzen und besonders jüdische Gemeinschaften wurden in der Zeit des Antisemitismus zunehmend bedroht.

Ein weiterer Nachteil war die fehlende finanzielle Unterstützung für religiöse Gruppen, die durch die Trennung von staatlichen Mitteln abgeschnitten wurden. Vor allem kleinere Gemeinschaften waren, durch die mangelnden Ressourcen beeinträchtigt und ihre Handlungsfähigkeit wurde stark eingeschränkt.

Dem Staat fiel es alles andere als einfach die Gleichberechtigung aller Religionsgemeinschaften umzusetzen. Obwohl der Staat eigentlich keine Religion bevorzugen sollte, blieb in vielen Bereichen des öffentlichen Lebens die Bevorzugung besonders auch von christlichen Inhalten bestanden. Wie etwa in der Schule, da der katholische und evangelische Unterricht als reguläres Unterrichtsfach vorgeschrieben war, wurden Schüler, die dieser Religion nicht angehörten, sowie Schüler, die keiner Religion zugehörig waren, benachteiligt. Darüber hinaus führte die gesetzliche Gleichstellung von Minderheiten nicht automatisch zur gesellschaftlichen Akzeptanz. Vorurteile und Diskriminierungen blieben bestehen, sodass die religiöse Vielfalt sich nur schwer in die Gesellschaft integrieren konnte. Auch für die traditionellen Kirchen, insbesondere die katholische und evangelische Kirche, bedeutete die neue Ordnung eine Herausforderung, da es durch den Verlust der Stellung der Kirchen durch die Weimarer Verfassung zu Spannungen zwischen Befürwortern und Gegensprecher der neuen politischen Ordnung führte.

Trotz dieser Herausforderungen waren die Vorteile der Trennung von Staat und Kirche und der Einführung der Religionsfreiheit beachtlich. Die Weimarer Verfassung garantierte erstmals die Gleichberechtigung aller Religionen, wodurch niemand aufgrund seiner religiösen Zugehörigkeit benachteiligt wurde. Diese neue politische Ordnung förderte den Schutz religiöser Minderheiten wie Juden oder Konfessionslosen, die ihre Religion frei ausüben konnten. Der Schutz von religiöser Ausübung wurde ebenso geboten. Die Verfassung schützt nicht nur den Glauben selbst, sondern auch die Ausübung der Religion. Religiöse Feiern, Rituale und Bräuche wurden gesetzlich geschützt, solange sie nicht gegen die allgemeinen Gesetze verstießen.

Die gesetzliche Trennung von Staat und Kirche ermöglichte ebenso eine Grundlage für ein gleichberechtigtes Miteinander verschiedener religiöser Gemeinschaften, ohne dass der Staat eine Religion bevorzugte. Dieser Schritt war wichtig für den Aufbau einer vielseitigen Gesellschaft, in der unterschiedliche religiöse und weltanschauliche Gruppen miteinander existieren konnten. Und somit auch die Integration neuer religiöser Strömungen. Die Weimarer Verfassung schuf eine rechtliche Grundlage, welche auch Religionsgemeinschaften gesellschaftliche Akzeptanz bietet. Somit wurden vorerst andere Religionen, vor allem die Freikirchen oder konfessionslose Gruppen von der Gesellschaft als gleichberechtigt angesehen.

Darüber hinaus stärkte die individuelle Freiheit die Autonomie jedes Einzelnen, selbst über seine religiöse Zugehörigkeit zu entscheiden. Somit konnten die Menschen über ihre Entfaltung frei entscheiden und wurden vor religiösem Zwang geschützt.

Die Trennung von Staat und Kirche sowie die Religionsfreiheit waren entscheidende Schritte in Richtung einer gerechten Gesellschaft, die die Rechte aller Bürger schützt. Dennoch verdeutlichen die Spannungen und Konflikte der Weimarer Republik, dass die rechtlichen Fortschritte alleine leider nicht ausreichen, um soziale Integration und Stabilität zu gewährleisten.

3 Schluss

Die Weimarer Verfassung von 1919 markierte einen bedeutenden Wendepunkt in der Geschichte der religiösen Gemeinschaften in Deutschland. Besonders wichtig waren die Stärken der Verfassung, wie der Garantie von Religionsfreiheit und der Gleichstellung der Religion vor dem Gesetz. Durch das erstmalige Festschreiben der Trennung von Staat und Kirche in der deutschen Geschichte gewannen nicht nur religiöse Gemeinschaften an Wert und Bedeutung in der Gesellschaft, sondern auch die Menschen, die den verschiedenen Religionen angehörten, erlebten ein Gefühl von Akzeptanz und Frieden. Die staatliche Neutralität nach der Weimarer Verfassung äußerte sich in vielen Bereichen, vor allem durch Gleichbehandlung und die Eigenständigkeit der Kirchen und war somit auch ein Fortschritt, der zwar nicht vollständig und konsequent umgesetzt werden konnte, aber dennoch dem Staat nützte. Religiöse Gemeinschaften erhielten die Freiheit, ihre Angelegenheiten selbst zu regeln, und auch Religionen mit geringer gesellschaftlicher Zugehörigkeit fanden nach der Weimarer Verfassung eine rechtliche Grundlage für ihren Schutz und ihre Entfaltung und hatten somit eine Garantie auf Beständigkeit und auch eine bessere Zukunftsaussicht.

Die Weimarer Verfassung zeigt, wie entscheidend gesetzliche Rahmenbedingungen für die Förderung von Freiheit, Gleichheit und Frieden sind, auch wenn die Umsetzung in der Realität nicht immer reibungslos verlief und es dennoch ziemlich zeitnah zu einem Krieg geführt hat, bei welchem Menschen auch für ihre Religionszugehörigkeit verurteilt wurden, legte sie den Grundstein für ein modernes Verständnis von Religionsfreiheit. Die Verfassung bleibt bis heute ein wichtiger Bestandteil und forderte auf ihrer Grundlage die in der heutigen Gesellschaft empfundene Akzeptanz und Freiheit der Menschen und ihrer Zugehörigkeit zu unterschiedlichen Religionsgemeinschaften. Sie erinnert daran, dass

Freiheit und Gleichberechtigung nicht nur Privilegien, sondern wichtige Rechte sind, die aktiv geschützt werden müssen. Auch Menschen, die zu keiner Religion zugehörig sind, werden in keiner Weise verachtet oder auch benachteiligt. Die Weimarer Reichsverfassung bleibt ein historisches Beispiel dafür, wie gesetzliche Lösungen Vorteile, aber auch Nachteile für die unterschiedlichen Religionsgemeinschaften haben können und diese Erfahrung verdeutlicht, dass es Notwendig ist, die vorgeschriebenen Rechte nicht nur zu schaffen, sondern auch einzuhalten, um die Freiheit und Vielfalt von religiösen Gemeinschaften zu fördern. Denn nur durch einen respektvollen Umgang miteinander können Frieden und Zusammenhalt langfristig gesichert werden.

Literaturverzeichnis

Der säkularisierte Staat, Ernst – Wolfgang Böckenförde, 2006

Die europäische Integration und die Kirchen III, Irene Dingel/Jan Kusber (Hg.), 2017

Erosion von Verfassungsvorraussetzungen, De Gruyter, 2009

Zeitreise 3, Ernst Klett Schulbuchverlag, 2006

Die Weimarer Verfassung – Wert und Wirkung für die Demokratie, Friedrich-Ebert-Stiftung Thüringen, 2009

https://www.geschichte-abitur.de/weimarer-republik/weimarer-verfassung-2

https://www.planet-wissen.de/geschichte/deutsche_geschichte/weimarer_republik/index.html

https://www.bpb.de/themen/menschenrechte/grundgesetz/44201/auszug-aus-der-deutschen-verfassung-vom-11-august-1919-weimarer-verfassung/

https://studyflix.de/geschichte/weimarer-verfassung-4549

https://simpleclub.com/lessons/geschichte-fazit-weimarer-verfassung

https://www.deutschlandfunk.de/religion-in-der-weimarer-reichsverfassung-die-staatskirche-102.html

https://www.antidiskriminierungsstelle.de/DE/ueber-diskriminierung/diskriminierungsmerkmale/religion-weltanschauung/religion-weltanschauung-node.html

https://www.dhm.de/lemo/kapitel/weimarer-republik/innenpolitik/verfassung

https://www.bundestag.de/dokumente/textarchiv/2019/kw30-kalenderblatt-reichsverfassung-652448

https://www.kas.de/de/web/geschichte-der-cdu/kalender/kalender-detail/-/content/unterzeichnung-der-weimarer-reichsverfassung-durch-den-reichspraesidenten

https://www.bpb.de/themen/menschenrechte/grundgesetz/44201/auszug-aus-der-deutschen-verfassung-vom-11-august-1919-weimarer-verfassung/

https://www.katholisch.de/artikel/28011-nur-opium-des-volkes-karl-marx-und-die-religion

Spannungsfeld zwischen Demokratie und Religion – Aus Sicht der Religion

Felix Fischer

1 Einleitung

Seit Jahrhunderten beschäftigen sich Gesellschaften mit der Frage in welchem Verhältnis Religion und Demokratie zueinanderstehen. Gerade in einer zunehmend globalisierten Welt ist die Thematik aktueller denn je. Je mehr sich mit diesem Thema beschäftigt wird, desto stärker steigt auch die Frage inwiefern es ein „Spannungsfeld zwischen Demokratie und Religion" gibt. Dabei verstehen wir unter dem Begriff Religion ein Gebilde aus Glaubensvorstellungen, Ritualen und moralischen Grundsätzen. Nach diesen Merkmalen richten viele Menschen ihr Denken und Handeln aus, sogar ihr ganzes Leben. Dagegen steht das allgemeine Verständnis von Demokratie. Demokratie lässt sich hier als Staats- und Gesellschaftsform definieren, in der das Volk herrscht, die Meinungsvielfalt gegeben ist und individuelle Rechtsgüter sowie Grundfreiheiten garantiert sind.

In dieser Ausarbeitung soll beleuchtet werden, inwiefern sich die Religionen zu demokratischen Prinzipien und Fragen positionieren. Dabei stellt sich die Frage welche Chancen und Konflikte sich aus der Beziehung zwischen Religion und Demokratie ergeben. Gerade in der aktuellen Zeit, wo Menschenrechte ignoriert werden, Krieg in der Welt herrscht und Unterdrückung zunimmt, beziehen religiöse Gemeinschaften immer mehr Stellung zu den aktuellen politischen Themen. Dies wird deutlich, wenn sich religiöse Machthaber zu aktuellen politischen öffentlichen Diskussionen äußern und dabei ihre bzw. die Meinung der vertretenden Religionsgemeinschaft kundtun. Dabei stehen sich die religiösen Überzeugungen und aktuelle politische Diskussionen gegenüber und es kann ein Spannungsfeld entstehen.

Diese Arbeit soll das Spannungsfeld zwischen Demokratie und Religion mit ihren Konflikten und Herausforderungen näher beleuchten und dabei Ursachen und Lösungen herausarbeiten. Dabei wird auf verschiedene Konfliktpotenziale und Lösungsziele eingegangen und soll das Verhältnis zwischen Demokratie und Religion gegeneinander abwägen.

2 Historischer Kontext

Zunächst möchte ich hier auf den historischen Kontext eingehen und Erklärungen finden in der Vergangenheit. Die Beziehung zwischen Demokratie und Religion ist seit mehreren Jahrhunderten ein Thema. Dabei hat sich das Spannungsfeld zwischen Demokratie und Religion über die Jahrhunderte entwickelt. Vor der Säkularisierung waren Staat und Kirche meist eng miteinander verflochten.

Unsere heute weitgehend säkularisierten Gesellschaften bauen nicht (oder wenigstens nicht in erster Linie) auf Klientelverbänden und paternalistischen Beziehungen auf[1]. Daraus kann man sagen, dass unsere heutigen sozialen und politischen Strukturen nicht primär auf traditionellen Klientelverbänden oder paternalistischen Beziehungen beruhen. Ganz im Gegenteil beruhen unsere heutigen säkularisierten Gesellschaften auf rechtsstaatlichen Prinzipien wie Freiheit, Gleichheit und Rechtsstaatlichkeit. Deswegen kann man sagen, dass der Staat weitestgehend auf diesen Prinzipien aufgebaut ist und nicht auf den oben genannten Beziehungen. Dazu lässt sich außerdem sagen, dass unsere heutigen säkularisierten Gesellschaften durch ihre demokratischen Ordnungen und Prinzipien die Meinungsfreiheit als ein sehr hohes Gut ansehen. Deswegen erlaubt dies den Religionen sich zu aktuellen politischen Themen weiterhin frei zu äußern. Die Meinungsfreiheit wird dahin nur beschränkt, wenn sie strafrechtliche Folgen hat. Die Religionen äußern sich eben oft zu aktuellen politischen Themen und dies war und ist eine Thematik, die immer wieder zu einem Spannungsfeld führen kann, aber gleichzeitig auch Vor- und Nachteile mit sich bringt.

Ein weiterer Punkt ist, dass früher religiöse Institutionen erheblichen Einfluss auf die politische Landschaft hatten. Dabei gründete der Staat auf göttlichen begründeten Annahmen anstatt auf eine demokratische durch das Volk legitimierte Ordnung. Eine Errungenschaft der Aufklärung ist, dass die Meinung des Volkes immer mehr im Vordergrund steht. Die hat zur Folge, dass das demokratische Grundprinzip der Macht des Volkes an Gewicht zugenommen hat. Bedeutet, dass mehr Wert daraufgelegt worden ist, dass die Macht in einer Demokratie vom Volk ausgeht und nicht von religiösen Machthabern und religiösen Vorstellungen. Dies hatte zu dem die Folge, dass es in vielen Staaten eine Trennung zwischen Staat und Kirche gab. Damit wurde zwar der religiöse Einfluss auf politische Entscheidungen geschwächt, allerdings bekam die Religion auch einen hohen Stellenwert in den demokratischen Staaten, sodass die

---

[1] Roeck, S. 5

Meinung der Religionen weiterhin einen hohen Stellenwert besitzen und von großer Bedeutung sind.

3 Trennung von Staat und Kirche

Zunächst möchte ich darauf eingehen wie sich aus Sicht der Religion Vor- und Nachteile aus der Trennung von Staat und Kirche ergeben. Denn nicht ohne Grund gibt es in mehreren europäischen Ländern eine Trennung von Staat und Kirche. Vorteil für die Religionen getrennt vom Staat zu sein ist, dass sie ihre eigenen Glaubensinhalte ungehindert ausüben können, ohne dabei sich vom Staat beeinflussen zu lassen. Die Religionsgemeinschaften können innerhalb der gesetzlichen Grenzen ihre Glaubensinhalte und die Glaubenspraxis ausleben. Dies kann bei einer Trennung von Staat und Kirche gut machbar sein, im Gegensatz dazu, wenn man abhängig vom Staat ist. Denn dann ist man an die Weisungen des Staates gebunden und ist somit nicht so unabhängig.

Allerdings muss man auch sehen, dass es auch Nachteile gibt, wenn Staat und Kirche getrennt sind. Denn die Kirche können oft einen positiven Beitrag dazu leisten, wenn es um moralische Fragen geht. Da sie sich mit solchen Fragen ausreichend beschäftigen und daran Interesse haben, dass Werte wie Gerechtigkeit, Frieden und viele weitere positive Werte im Staat herrschen. Viele Gläubige, die der Kirche angehören können, die Trennung als einen Angriff auf ihre Religion verstehen. Denn diese Gläubigen sind davon überzeugt, dass die Kirche einen positiven Beitrag für das Gemeinwohl leistet und im Grunde unverzichtbar ist für einen demokratischen Staat. Hier ist auch zu erwähnen, dass die Kirchen in Deutschland einen wichtigen Beitrag leisten, wenn es um Kindergartenwesen, Altenpflege und auch Krankenpflege geht. Denn da ist die Kirche oft als Träger mit dabei und unterstützt somit den Staat in seiner stetigen Aufgabenerfüllung. Gerade in Kommunen die die oben genannten, als Pflichtaufgabe zu erledigt haben, leisten die Kirchen hier einen unverzichtbaren Beitrag zur stetigen Aufgabenerfüllung der Kommunen beziehungsweise des Staates. Darum kann hier auch ein Spannungsfeld entstehen zwischen dem Staat (der Demokratie) und der Kirche (der Religion).

Als Beispiel in Deutschland kann man sagen, dass die Kirchen und kirchliche Einrichtungen eine privilegierte Stellung genießen[2]. Dabei haben mehrere Kirchen ein ganzes Bündel an

---

[2] Bizeul, S. 43

Privilegien wie steuerliche Vorteile, das Recht, Kirchensteuer mit Hilfe des Staates einzuziehen und einen konfessionellen Religionsunterricht an öffentlichen Schulen zu erteilen[3]. Diese Privilegien haben sich über die ganzen Jahrhunderte entwickelt und die Entwicklung ist noch nicht am Ende. Doch immer wieder gibt es nur um sie zu nennen verschiedene Konflikte beziehungsweise wie Kopftuchverbot für Lehrerinnen, islamischer Religionsunterricht und vieles mehr. Hier stellt sich immer wieder die Frage inwiefern dabei andere Religionen ausgegrenzt oder benachteiligt werden. Dies sorgt für ein Spannungsfeld zwischen Religionen und Staat. Wie zum Beispiel beim Islam die sich mit der Debatte des Kopftuchverbots und anderen religiösen Symbolen sowie ihrer Glaubenspraxis beschäftigen müssen. Wohingegen dass bei den katholischen und evangelischen Religionsgemeinschaften weniger der Fall ist, weil diese, obwohl es eine Trennung zwischen Staat und Kirche gibt, sich weniger für ihre Glaubenspraxis in Deutschland rechtfertigen müssen. Für die katholischen und evangelischen Religionsgemeinschaften sind zum Beispiel gesetzliche Feiertage überwiegend Feiertage, die diese Religionsgemeinschaften auch feiern. Für beispielsweise den Islam sind allerdings die gesetzlichen Feiertage nicht die die sie auch unbedingt feiern. Drum gibt es auch hier wieder aus Sicht „fremder" Religionen, also Religionen, die hier in Deutschland beziehungsweise Europa nicht auf eine lange Tradition zurückblicken können, immer wieder Konflikte im Zusammenhang zwischen Staat und Religion.

So kann man festhalten, dass die Kirchen in vieler Hinsicht eine Bereicherung für den Staat mitbringen, aber auch mehrere Konflikte hervorruft und dadurch weiterhin ein Spannungsfeld zwischen Staat und Kirche herrscht.

4 Religionsunterricht an öffentlichen Schulen

Ein weiteres Thema, das eine große Bedeutung hat, ist der konfessionelle Religionsunterricht an deutschen öffentlichen Schulen. Der konfessionelle Religionsunterricht ist in Deutschland sogar im Grundgesetz Artikel 7 Absatz III festgeschrieben. Der Religionsunterricht ist als einziges Fach von Staat und Kirche her verantwortet[4].

Dies ist ein besonderes Privileg, dass allerdings auch zunehmend durch die immer stärker werdende pluralistische Gesellschaft zu einem Spannungsfeld zwischen verschiedenen

---

[3] Bizeul, S. 43
[4] Grümme, S. 44

Religionen und auch gegenüber dem Staat sorgt. Der Religionsunterricht steht im Kreuzfeuer gesellschaftlicher Kritik. Von den einen wird er als unzeitgemäße Veranstaltung abgelehnt, weil in ihm eine bestimmte Religion privilegiert würde, weil überhaupt Religion Privatsache sei und im öffentlichen Raum keinen Platz finden dürfe, vor allem, aber weil der Religionsunterricht in seiner konfessionellen Gestalt eher ein Ferment von Trennung und Unterscheidung als eine Basis gesellschaftlichen Dialogs darstellt[5].

Die Religion hat die große Aufgabe einen zeitgemäßen Religionsunterricht zu gestalten und dabei den Pluralismus nicht außer Acht zu lassen. Immer wieder kommt es dabei jedoch zu Schwierigkeiten, weil durch den Pluralismus die Vielfalt der Religionen stetig wächst und somit es den etablierten Religionen es nicht immer leicht fällt einen ansprechenden Religionsunterricht an deutschen öffentlichen Schulen zu gestalten. Der traditionelle Religionsunterricht steht dabei in der Spannung gegenüber neuen Modellen von Religionsunterricht, wie dem Ethikunterricht oder sonstigen Formen. Das macht es hier den traditionellen Religionen enorm schwer dem gerecht zu werden und stellt auch ein großes Spannungsfeld zwischen Staat und Kirche dar.

5 Fazit

Zum Schluss lässt sich zusammenfassend sagen, dass die Beziehung zwischen Religion und Demokratie schon seit Jahrhunderten in einem ständigen Spannungsfeld zueinanderstehen. Allerdings lässt sich auch festhalten, dass Religionen und Staat voneinander viel profitieren können und die Beziehung nicht nur als Spannungsfeld zu sehen ist, sondern auch als Bereicherung. Die Demokratie und Religionsgemeinschaften stehen vor schwierigen Zeiten und auch vor herausfordernden Entscheidungen. Wichtig ist, dass die Religionsgemeinschaften einen konstruktiven Beitrag zu einer friedvollen uns gerechten Gesellschaft leisten können und ihren Auftrag dabei ernst nehmen. Unabdingbar für ein friedvolles Miteinander ist der respektvolle und wertschätzende Umgang miteinander. Denn dies kann dazu führen, dass das Spannungsfeld abgeschwächt wird und es zwischen Demokratie und Religion einen gerechten und respektvollen Umgang gibt.

---

[5] Grümme, S. 44;45

Literaturverzeichnis

Bizeul Yves

    Glaube und Politik

    1. Aufl.: 2009

    VS Verlag für Sozialwissenschaften, GWV Fachverlage GmbH; Wiesbaden

    Zitiert als: Bizeul

Grümme Bernhard

    Religionsunterricht und Politik

    1. Aufl.; 2009

    W. Kohlhammer Druckerei GmbH + Co. KG; Stuttgart

    Zitiert als: Grümme

Roeck Bernd

    Gott und Macht – Staat und Kirche

    1. Aufl.; 2009

    Vontobel-Stiftung; Zürich

    Zitiert als: Roeck

Religionsausübung in einer Demokratie

Blick auf Deutschland

Isabel Grupp

1 Einleitung:

Religionsausübung, diese Freiheit zählt zu den grundlegenden Menschenrechten und spielt in vielen Gesellschaften eine wichtige Rolle. In den letzten Jahrzehnten haben zahlreiche Länder (Deutschland) weltweit einen Anstieg der religiösen Bewegung erlebt und dazu gewinnen auch demokratische Werte immer mehr an Bedeutung. Diese Hausarbeit untersucht/analysiert Religionsausübung im demokratischen Kontext, welche Herausforderungen sich ergeben und wie der Staat letztendlich damit umgehen muss.

Besonderer Aufmerksamkeit gilt also der Frage: Wie ist Religionsausübung in einer Demokratie zu vereinbaren?

Ziel ist es, die Grenzen und Probleme, also auch die Chancen der Religionsausübung und dessen Freiheit in einer demokratischen Gesellschaft herauszuarbeiten.

1.1 Definition Demokratie:

(Griechisch: „Herrschaft des Volkes"). Demokratie ist ein politisches System, das Menschen politische und bürgerliche Freiheiten und das Recht auf politische Teilhabe garantiert. Dazu zeichnet sich diese Staatsform unter anderem durch Achtung der Menschenrechte, Gewaltenteilung, Unabhängigkeit der Gerichte, freie & faire Wahlen, Meinungs- und Pressefreiheit, … aus. Nach Art. 20 des Grundgesetzes (GG) ist die Bundesrepublik Deutschland eine Demokratie.

1.2 Religionsfreiheit/ Religionsausübung

Die Religionsausübung ist ein zentraler Bestandteil der Religionsfreiheit, welcher in den meisten Gesellschaften (in Deutschland) als grundlegendes Menschenrecht anerkannt wird. In Deutschland ist dies durch das Grundgesetz (GG) garantiert. „Die Freiheit des Glaubens, des Gewissens und die Freiheit des religiösen und weltanschaulichen Bekenntnisses sind unverletzlich." (Art. 4, Abs. 1 GG), „Die ungestörte Religionsausübung wird gewährleistet." (Art. 4, Abs. 2 GG)

Es gibt verschiedene Religionsausübungen/ Praktiken wie Rituale, Verehrung & Gedenken einer Gottheit (Beten), tragen von religiösen Symbolen (wie Kreuze Kopftücher...), das Einhalten von bestimmten Speisevorschriften, Feste & Feiern oder auch öffentliche Gottesdienste.

2 Grundlage: Trennung von Religionen (Kirche) und Staat

In den modernen Demokratien ein grundlegendes Prinzip. Ein kurzes Wort zu den Kirchen. Diese sind bei der Hilfe, Bewältigung und Deutung von Katastrophen sehr engagiert (auf vielfältige Weise): seelsorgerische Betreuung der Opfer und Helfer, diakonisch durch materielle Leistungen und Spenden, kerygmatisch in Gebeten, Vorträgen und Predigten. Sehr vielfältige Reaktionen, welche sich ohne weiteres in den Auftrag der Kirche einfügen. (vgl. Vögele)
 Der Staat ist grundsätzlich von der Kirche (von den Religionen) getrennt. Der Staat als solcher hat und vertritt keine Religionen. Er verfolgt in der Gestaltung des Zusammenlebens der Menschen allein weltliche Zwecke. Religionen werden vom Staat keineswegs beiseitegestellt oder negiert. Dieser findet sie vor und setzt sich in ein Verhältnis zu ihr. Gekennzeichnet z.B. dadurch, dass der Staat die Religionen freigibt, diese also in Freiheit gesetzt werden.
Zusammengefasst bedeutet das, dass staatliche Institutionen und religiöse Institutionen unabhängig von einander agieren und dessen Aufgabenbereiche getrennt sind. Staatliche Neutralität gegenüber Religionen und die Religionsfreiheit der Bürger wird durch dieses Prinzip geschützt.

3 Religionsgemeinschaften

Sind Vereinigungen, deren Mitglieder sich zu einer gemeinsamen Religion bekennen und die gemeinsame Religionsausübung pflegen. Es gibt eine Vielfalt an Weltreligionen, welche in vielen verschiedenen Untergruppen und Glaubensrichtungen unterteilt sind, die Abrahamitischen Religionen.

1.) Das Christentum, die größte Religion der Welt, mit über 2,4 Milliarden Anhänger, mit den Untergruppen Katholizismus z.B. mit der Römisch-Katholischen Kirche, dem Protestantismus also beispielsweise mit der Evangelischen Kirche, den orthodoxe Kirchen (Russisch-Orthodoxe oder Griechisch-Orthodoxe) und den Freikirchen.

2.) Der Islam, auch eine sehr große Weltreligion mit über 1,9 Milliarden Anhängern weltweit. Hierbei werden 2 bekannte Hauptgruppen unterschieden, die Sunniten, machen ca. 85-90% der Muslime aus und die Schiiten.

3.) Das Judentum, mit ca. 15 Millionen Anhängern weltweit und verschiedenen „Strömungen", z.B. Liberales Judentum, Orthodoxes Judentum, Konservatives Judentum.

4 Herausforderungen

4.1 Konflikte zwischen staatlichen Grenzen & Religionsausübung

Religionsausübung steht sehr oft auf Spannung zwischen den staatlichen Grenzen und den individuellen Freiheiten. „Tatsache ist, dass Religionen uns heute oft in ihren pathologischen Auswüchsen begegnen, entstellt von der Fratze des Fundamentalismus, verstörend durch Gewalt im Namen des Glaubens" (Grütters 2018). Es können eben Konflikte auftreten und das auf verschiedenen Ebenen. Religion und Staat, zwischen diesen beiden besteht eine starke Wechselwirkung und diese haben in vielen Gesellschaften eine große Bedeutung. Im Folgenden einige Beispiele:

Konflikte durch Migration (vor allem von muslimischen Ländern). Migration kann dazu führen, dass die Menschen, welche sich in neuen Staaten ansiedeln und damit auch eine religiöse Minderheit bilden, ihre Praktiken nicht vollständig ausleben können oder auch toleriert werden. Hierbei könnten auch Formen der Diskriminierung auftreten (dieser Punkt wird mit dem nächsten Punkt näher erläutert). Es besteht hierbei aber auch Konfliktpotenzial, beispielsweise zwischen dem muslimischen Rechtssystem und einer liberalen demokratischen Verfassung und dessen essentiellen Menschen- und Freiheitsrechten.

Die Religionsfreiheit gegen nationale Gesetze. Einige (auch demokratische) Staaten nutzen und setzen nationale Gesetze (z.B. Vermummungsverbot) ein und/oder führen beispielsweise Grenzkontrollen durch, welche zu Spannungen von religiösen Minderheiten führt, dies kann insbesondere muslimische Frauen betreffen, die den Hijab tragen.

Nun soll erläutert werden, inwieweit mit religiösen Konflikten umgegangen werden sollte und der Begriff Diskriminierung wird näher erläutert.

4.2 (Staatlicher demokratischer) Umgang mit religiösen Konflikten & Diskriminierung

"Demokratie geht anders. Sie lebt nicht von der Selbstverleugnung, sondern vom Diskurs, von der Auseinandersetzung, von der aktiven Verständigung auf gemeinsame Werte" (Grütters 2018). In der wissenschaftlichen Analyse wird zwischen Diskriminierung durch den Staat und Diskriminierung durch die Gesellschaft unterschieden. Diskriminierung in Bezug auf die Religionsfreiheit durch den Staat findet sich (in Deutschland) so gut wie nicht. Doch das sieht im gesellschaftlichen Bereich anders aus. In bestimmten Bereichen legt die Diskriminierung zunehmend zu, z.B. Ausdrucksformen des Antisemitismus, welche vor allem die jüdische Minderheit Betreffen. Diskriminierung anonym im Internet ist auch keine Seltenheit, was vor allem die muslimischen Bürger betrifft. Letztendendes können aber Mitglieder jeder Religionsgemeinschaft Diskriminierung erfahren, aufgrund ihrer religiösen Bekenntnisse.

Jetzt stellt sich also die Frage, wie man (aber auch der Staat) damit umgeht. Eine Auseinandersetzung mit dem Wahrheitsfuror religiöser Fundamentalisten und der eigene Standpunkt ist hier sehr bedeutsam, genauso wie die daraus wachsende Offenheit für das Andere in einer globalisierten Welt (vgl. Grütters 2018). In Deutschland gibt es weitere allgemeine Bemühungen, gerade durch die Schaffung von entsprechenden Lehrstühlen an Universitäten oder auch eine staatliche Ausbreitung von Islamischen Religionslehren um ein liberales und säkulares Islamverhältnis zu stärken. Ein weiterer Schritt in die richtige Richtung wäre eine wissenschaftlich-kritische Betrachtung von den Entstehungsgeschichten. Als weiterer Lösungsvorschlag könnte man einen Dialog zwischen Regierung und religiösen Organisationen nennen, dies kann zur Harmonisierung von religiösen und staatlichen Interessen beitragen. Ein sensibler Ansatz, der sowohl der die Religionsfreiheit, als auch die staatliche Souveränität respektiert, ist von großer Bedeutung.

4.3 Extremismus & Radikalismus

Diese zwei Begriffe stellen ernsthafte Herausforderungen dar und beide sind Konzepte, die in religiösen und politischen Kontexten verwendet werden, sie unterscheiden sich jedoch voneinander.

Extremismus ist eine Haltung oder Richtung des Denkens, die Unbedingtheit und Ausschließlichkeit mit der Infragestellung des Rechtsstaatsprinzips und des gesellschaftlichen

Pluralismus verbindet sowie Gewalt als Mittel der Politik nicht ausschließt. Man unterscheidet zwei Richtungen. Den Rechtsextremismus, dieser ist durch nationalistische, rassistische oder nationalsozialistische Gesinnung gekennzeichnet und den Linksextremismus durch eine sozialrevolutionäre, doktrinär verengte Gesellschaftsfassung.

Radikalismus der Bezeichnung für Theorien oder auf sie bezogene politisch-soziale Bewegungen, die bestehende Verhältnisse grundsätzlich verändern wollen und kann radikale Maßnahmen oder Ansichten vertreten. Im Unterschied zum „Extremismus" sollen jedoch weder der demokratische Verfassungsstaat noch die damit verbundenen Grundprinzipien der Verfassungsordnung beseitigt werden.

Die Abgrenzung zwischen Extremismus und Radikalismus ist jedoch sehr problematisch; in der politischen Alltagssprache werden die beiden Begriffe oft als Synonym verwendet.

5 Schlussfolgerung

5.1 Was bedeutet jetzt eine ausgewogene Religionspolitik?

Hier gibt es auch verschiedene Erklärungsansätze. In der deutschen Rechtsprechung wird die Auffassung vertreten, dass der Staat religiös strikt neutral zu sein habe (vgl. Grütters 2018). Es vermeidet aber nicht die strikte Trennung von Staat und Religion, sondern setzt auf Zusammenarbeit, denn nur dann ist Neutralität zu gewährleisten und das ist eine Grundlage für eine ausgewogene Religionspolitik. Es würde sich bei genauerem Hinsehen zeigen, dass durch die Ordnung, die das Grundgesetz errichtet hat und seine Konkretisierung durch das Bundesverfassungsgericht von Beginn an darauf zielte, die Mitte zu bewahren und zu stärken- dies auch in Zeiten der Krise; (vgl. Voßkuhle 2016). Wenn der Staat mit (religiösen) Konflikten konfrontiert wird, hat dieser Optionen, die ihm zu Verfügung stehen, diese werden zwischen den Begriffen „Neutralisierung" und „Identifikation" erhoben. Auch hier versucht das Grundgesetz die Idee der Mitte zu verwirklichen.

Ebenso beispielsweise, die oben genannten Lösungsvorschläge, welche der Staat treffen kann (Gliederungspunkt 4.2), bieten eine Grundlage um die Religionspolitik zu verbessern und diese ggf. bei bestimmten Situationen in den Griff zu bekommen.

5.2 Zukünftige Entwicklungen

Die Demokratie steht in den letzten Jahren mehr und mehr unter Druck. Die Religionsausübung in Deutschland wird stark von gesellschaftlichen Veränderungen und auch der Politik beeinflusst. Die in Deutschland immer mehr zunehmende religiöse Vielfalt stellt eine große Herausforderung dar. Es wird entscheidend sein, welche Maßnahmen der Staat zur Bewältigung der Herausforderungen ergreifen wird. „Langfristig ist eine Entwicklung absehbar, in der eine neue, möglicherweise globale Kultur der Interreligiosität an die Stelle der alten, nationalen Zivilreligionen treten wird" (Vögele).

6 Fazit

Um auf die Leitfrage zurückzukommen, ob Religionsausübung in einer Demokratie zu vereinbaren sei, kann man nun darauf antworten: Letztendlich ist die Religionsausübung in einer Demokratie (Deutschland) ein sehr komplexes Thema und das sowohl rechtlich, als auch gesellschaftlich. Das Grundgesetzt bietet den Schutz/die Freiheit seine Religion frei auszuüben. Doch an den Herausforderungen sieht man, dass in der Praxis zahlreiche Probleme, wie Konflikte, Diskriminierungen, Gewalttaten, ... dabei auftreten. Die Religionsfreiheit muss nachhaltig gesichert werden, dafür muss ein demokratischer Staat (wie Deutschland) Lösungsvorschläge mit einbringen, um ein solches Vorhaben zu gewährleisten. Nur so kann ein respektvolles und tolerantes Zusammenleben erhalten bleiben bzw. gefördert werden.

Literaturquellen

Brockhaus (2012) 3. Band, Verlag F. A BROCKHAUS

Brockhaus (2012) 8. Band, Verlag F. A BROCKHAUS

Vögele, Wolfgang: Zivilreligion, Katastrophen und Kirchen, Berlin, Deutschland: Evangelische Zentralstelle für Weltanschauungsfragen

Böckenförde, Ernst- Wolfgang (2015): Der säkularisierte Staat, 2. Aufl., München, Deutschland: Carl Friedrich von Siemens Stiftung.

Voßkuhle, Andreas (2016): Die Verfassung der Mitte, München, Deutschland: Carl Friedrich von Siemens Stiftung.

Internetquellen

Grütters, Monika (2018): Wie viel Religion verträgt die Demokratie?, (online) https://www.bundesregierung.de/breg-de/aktuelles/namensbeitraege/wieviel-religion-vertraegt-die-demokratie--1003568

Demokratie (o.D.), (online) https://www.bmz.de/de/themen/demokratie (abgerufen am 08.01.2025)

Schirrmacher, Christine (2015): Religionsfreiheit und Demokratieentwicklung, (online) https://www.bundestag.de/resource/blob/485924/1d7ef393365f72962f44f1dc4ff31639/stellungnahme_schirrmacher.pdf

Demokratie (o.D.), (online) https://www.bundestag.de/services/glossar/glossar/D/demokratie-245374 (abgerufen am 10.01.2025)

Extremismus (o.D.), (online)
https://www.verfassungsschutz.de/SharedDocs/glossareintraege/DE/E/extremismus.html
(abgerufen am 10.01.2025)

Christlicher Widerstand im Nationalsozialismus

Max Lierheimer

1 Einleitung

1.1 Historische Einordnung

Das dunkelste Kapital der deutschen Geschichte, der Nationalsozialismus, beschäftigt uns bis heute. Die Terrorherrschaft der Nazis fokussierte sich auf die totale Kontrolle über alle Lebensbereiche.

Diese Diktatur hatte auch weitreichende Folgen für die Kirche, welche Anfang des 20. Jahrhunderts sich noch weit größerer Beliebtheit erfreute als heutzutage.

In diesem Kapital fokussieren wir uns auf den Widerstand der Christlichen Kirche gegen den Nationalsozialismus. Wer leistete Widerstand und wie sah dieser aus? Welche Personen stachen dabei heraus? Welche Risiken nahm man in Kauf und welche Folgen hatte dieser Widerstand?

Diese Fragen möchten wir in diesem Kapitel aufarbeiten.

1.2 Das Reichskonkordat von 1933

Um zu verstehen, wie das völkerrechtliche Verhältnis des Deutschen Reiches mit der katholischen Kirche war, ist es hilfreich, sich kurz mit dem Reichskonkordat von 1933 zu beschäftigen. Grundsätzlich ist ein Konkordat ein völkerrechtlicher Vertrag zwischen dem Vatikan und einem anderen Land. Mit den deutschen Ländern wie Bayern, Baden und Preußen wurden schon vor 1933 Konkordate aushandelt. Die Verhandlungen mit der Weimarer Republik führten aber nie zu einem Abschluss eines Konkordats (*Link 2017: 222*).

Inhaltlich sicherte sich das Dritte Reich ab, in dem sie in Art. 16 die Geistlichen einen Treueeid auf den Staat haben schwören lassen (*Reichskonkordat 1933, Art. 16*) und in Art. 32 Priestern eine politische Karriere verbot (*Reichskonkordat 1933, Art. 32*). Als Gegenleistung wurde z.B. festgelegt, dass Geistliche den gleichen Schutz wie Staatsbeamte bekamen (*Reichskonkordat 1933, Art. 5*) und die Freiheit zu dem öffentlichen Bekenntnis und Ausübung der katholischen Religion (*Reichskonkordat 1933, Art. 1*).

Mit Abschluss des Konkordats konnte sich das Dritte Reich somit immer auf die Religionsfreiheit der Katholiken berufen, sollte es zu Gegenwind aus Richtung der katholischen Kirche kommen. Die Kirche, die sonst ein so großer Teil der Zivilgesellschaft war, wurde so mundtot gemacht.

Dass es trotzdem Widerstand von Pfarrern, Bischöfen und Gläubigen gab, zeigen das nächste Kapitel.

2 Widerstand im Nationalsozialismus

„Es genügt nicht, nur Opfer unter dem Rad zu verbinden, sondern wir müssen dem Rad selbst in die Speichen fallen." – Dietrich Bonhoeffer in einem Brief 1933

2.1 Widerstand an der Basis

Unmittelbar nach der Machtübernahme am 30. Januar 1933 wurde die Politische Polizei, welche schon in der Kaiserzeit Straftaten mit politischem Hintergrund aufklärte, eingegliedert in das Geheime Staatspolizeiamt, also die Gestapo (*Schnabel 1994: 64*). Sie sollte sich um Widerstand jeglicher Art kümmern.

Die zahlreichen Anklagen gegen Geistliche, welche sich oft um Kritik an NSDAP oder Hitler, aber auch um Hitlerjugend und Bund Deutscher Mädchen handelten, wurden von den kirchlichen Behörden oft verharmlost und runtergespielt. Um Geistliche zu schützen, bediente sich die Kirche oft an der Methode der „Strafversetzung" (*Schnabel 1994: 65*). So wurden viele Pfarrer in andere Gemeinden oder auch in den Ruhestand versetzt. So konnte die Kirche dem Staat gegenüber nachweisen, dass sie Sanktionen gegen die „Straftäter" verhängte, konnte aber ihre Pfarrer vor „Schutzhaft" oder, im späteren Verlauf der Schreckensherrschaft, gar die Deportation in ein Konzentrationslager bewahren (*Schnabel 1994: 65*).

Die Art und Weise des Widerstands war jedoch sehr variabel. So war es nicht immer offensichtliche Kritik wie eben das Kritisieren des NS-Staates in Predigten, sondern auch subtilere Arten (*Schnabel 1994: 65*). So weigerten sich einige Pfarrer an Tagen wie dem Tag der Arbeit oder dem Erntedankfest die Gottesdienste so zu halten, wie es die NSDAP vorschrieb. Auch die Verweigerung des „Hitler-Grußes" beim Singen des Deutschlandliedes oder indirekte Wahlbeeinflussung gehörten zu Anklagepunkten der politischen Polizei

(*Schnabel 1994: 65*). Oft kam es auch zum Schlagabtausch innerhalb der Gemeinde zwischen dem Pfarrer und dem Bürgermeister, welcher häufig regimetreu war. So klagte in der Gemeinde Schechingen (Ostalbkreis) der Bürgermeister Hahn den Pfarrer seiner Gemeinde, Pfarrer Kuhnle, selbst an (*Schnabel 1994: 65*).

Zusammenfassend kann man festhalten, dass die Störaktionen der Geistlichen an der Basis - seien es Pfarrer, Religionslehrende oder sonstige Tätige in der Kirche – den Ablauf einer perfekten Gleichschaltung durch die NSDAP verhinderten. Die Widerständler zahlten dafür aber auch einen großen Preis. Allein in der Diözese Freiburg (1542 Priester) wurden 290 Ermittlungsmaßnahmen eingeleitet, 25 Priester wurden in ein Konzentrationslager deportiert (*Schnabel 1994: 67*).

Ab 1935 regte sich ein konkreter Widerstand gegen die „Entkonfessionalisierung des öffentlichen Lebens". So hatte der Staat einen immer größeren Totalitätsanspruch und wollte den Einfluss der Kirche auf das zivilgesellschaftliche Leben der deutschen Bürger stark einschränken (*Schnabel 1994: 68*). Ein Beispiel hierfür war der württembergische Kultminister Christian Mergenthaler, welcher es 1936 schaffte, konfessionelle Bekenntnisschulen abzuschaffen. Mithilfe eines Erlasses griff Mergenthaler auch in den Religionsunterricht ein. Der Unterricht würde Inhalte enthalten, welche „die dem Sittlichkeitsempfinden der germanischen Rasse widersprechen" (*Schnabel 1994: 68*).
Im weiteren Verlauf wurde die sogenannte „Deutsche Volksschule" eingeführt. Hier gab es nur vereinzelt Widerstand durch z.B. Pfarrer Alois Dangelmaier in der Gemeinde Oeffingen (heute Stadtteil der Stadt Fellbach), wo dieser zwei Protestaktionen 1936 und 1937 organisierte (*Schnabel 1994: 69*).

Nicht nur Schulen, sondern auch konfessionelle Kindergärten sollten durch Kindergärten der sogenannten Nationalsozialistischen Volkswohlfahrt (= NSV) ersetzt werden (*Schnabel 1994: 69*). So war auch in Kork (ein Stadtteil von Kehl) davon betroffen; letztendlich wurde auch hier die konfessionelle Schule aus „sicherheitspolitischen Gründen" geschlossen (*Schnabel 1994: 70*).

2.2 Vergessener Widerstand – die Zeugen Jehovas

2.2.1 Einleitung

Jehovas Zeugen – bis in die 1950er Jahre noch „Internationale Bibelforscher-Vereinigung" (kurz: I.B.V.) - ist eine Religionsgemeinschaft, welche sich sehr stark an den Lehren der Bibel orientieren. Auf ihrer eigenen Website erklären sie ihren Glauben an 15 Glaubenslehren (*Woran glauben Jehovas Zeugen?* o.D.).

In diesen Lehren halten sie fest, dass sie an „den wahren und allmächtigen Gott, an den Schöpfer" glauben (*Woran glauben Jehovas Zeugen?* o.D., Nr. 1). Sie sehen die Bibel als Botschaft von Gott, sowohl das Alte als auch das Neue Testament. Den Zeugen Jehovas ist wichtig festzuhalten, dass sie ihre Glaubenslehre auf dem reinen Bibelwort aufbauen würden, ohne etwas hineinlesen zu wollen (*Woran glauben Jehovas Zeugen?* o.D., Nr. 2). Jedoch sei ihnen bewusst, dass manche Teile der Bibel in übertragener und symbolischer Sprache verfasst seien. Sie seien keine „christlichen Fundamentalisten". Sie glauben an das Königreich Gottes, welches eine reale Regierung sei und alle anderen Regierungen auf der Welt ablösen werde. Jesus sei König in Gottes Königreich und regiert dort seit 1914 (*Woran glauben Jehovas Zeugen?* o.D., Nr. 4).

2.2.2 Verfolgung und Widerstand

Mit der Machtübernahme der Nationalsozialisten am 30. Januar 1933 wurde schnell klar, dass die IBV auf Probleme stoßen wird (*Hacke 2011: 40*). Schon in Bayern versuchte die NSDAP die IBV zu verbieten (*Hacke 2011: 40*). Zwar waren die Zeugen noch Ende Februar/Anfang März noch vor der Verfolgung verschont geblieben, wo doch viele – auch kleinere – Gruppierungen durch die Reichstagsbrandverordnung verboten und auch verfolgt wurden (*Hacke 2011: 41*). Jedoch gab es in den Regierungen und Verwaltungen der Länder (z.B. Bayern) und den Kommunen viele Gegner des IBV, weswegen einige Länder wie Bayern, Sachsen und Mecklenburg-Schwerin lokal Verbote aussprachen (*Hacke 2011: 43*).

Die große Verfolgungswelle des NS-Staates begann in Verbindung mit der Reichstagswahl am 12. November 1933, da viele Zeugen Jehovas einer Hausdurchsuchung ausgesetzt waren bzw. in Schutzhaft kamen, da die meisten den Gang zur Wahl verweigerten (*Hacke 2011: 54*). Dies war dem NS-Staat ein Dorn im Auge, da sie durch die Wahl im November anstrebten, ihre Macht auszubauen; eine ganze Bevölkerungsgruppe, die nicht zur Wahl geht, konnten sie nicht gebrauchen. Da die Nationalsozialisten Wählerlisten überwachten und somit sahen, wer nicht zur Wahl kam, wurde auf diejenigen erheblichen Druck ausgeübt (*Hacke 2011: 70*). Da die Nicht-Abstimmung bei der Wahl als „Volksverrat" angesehen wurde, wurden viele Mitglieder des IBV verprügelt (*Hacke 2011: 70*). Die Zeugen Jehovas verweigerten außerdem den sog. „Hitler-Gruß", da dieser Gruß einen sakralen Charakter hatte und damit nicht vereinbar mit ihrem Glauben (*Hacke 2011: 75*).

Nachdem große Teile des IBV sich bei der Reichstagswahl am 29. März 1936 wieder weigerten, zur Wahl zu gehen, begann eine große Verhaftungswelle, welche in Inhaftierungen in Konzentrationslagern endete. Die Zeugen Jehovas bekamen in den Lagern den lila Winkel als Kennzeichnung und waren damit die einzige Religionsgruppe, die eine eigene Symbolik in den KZs hatte (*Hacke 2011: 180*). Oftmals durften Mitglieder des IBV auch keinen Kontakt zu anderen Häftlingen haben (*Hacke 2011: 180*). Da sich die Zeugen Jehovas sich oft gegen Aufforderungen der Lagerleitung nicht an die Regeln hielten, kam es oft zu harten Strafen, unter anderem auch Isolationshaft. (*Hacke 2011: 181*).

2.2.3 Resümee

Anhand der eben aufgezählten Punkte ist auf jeden Fall zu sehen, wie sehr die Zeugen Jehovas verfolgt wurden, auch wenn an sie heutzutage nur sehr wenig erinnert wird. Hervorzuheben ist hier, dass sich die Zeugen Jehovas nicht von ihrem Glauben haben abbringen lassen, obwohl ihnen bewusst war, was für Konsequenzen dies haben wird.

Schlussendlich kann man sagen, dass der Widerstand der Zeugen Jehovas nicht unbedingt darin bestand heroische Taten zu vollbringen, wie man das aus Heldengeschichten kennt. Der Widerstand bestand vor allem darin, seinem Glauben treu zu bleiben, auch wenn man wusste, dass man verfolgt werden wird.

2.3 Wichtige Persönlichkeiten des Widerstandes

2.3.1 Dietrich Bonhoeffer

Dietrich Bonhoeffer war ein deutscher, evangelischer Pfarrer, welcher als einer der führenden Theologen im Widerstand gegen den Nationalsozialismus bekannt wurde (*Tietz 2024: 7*). Bonhoeffer galt in der Kirche von Anfang an als sehr radikal, was seine Meinung gegenüber des NS-Staates anging (*Tietz 2024: 7*).

Bonhoeffer war schon seit 1933 ein Gegner der geplanten „Reichskirche", da er in seinem Freundeskreis auch Jüdinnen und Juden hatte (*Tietz 2024: 48*). Das im Eingang zu diesem Kapitel bereits erwähnt Zitat Dietrich Bonhoeffers ist eine Aufforderung an die Kirche, sich nicht zurückzuhalten, sondern sich ihrer Aufgabe bewusst zu sein, Menschen helfen zu müssen, auch wenn dies Konsequenzen zu Folge haben könnte (*Tietz 2024: 50*). Bekannt wurde auch seine Rede im dänischen Fanø, bei der Tagung des Ökumenischen Rates für Praktisches Christentum (*Tietz 2024: 58*). Mit seiner berühmten Aussage, dass man sich entscheiden solle „Nationalsozialist oder Christ" zu sein, kam es auch zu einer Resolution an die christlichen Kirchen, sich zu bekennen und sich gegen das Regime zu wehren (*Tietz 2024: 60*).

Mit der Leitung eines Predigerseminars von 1935 bis 1937 übte Bonhoeffer weiter Druck auf die Kirche aus; so predigte er in einem Aufsatz im Jahr 1936, dass sich „die Reichskirchenregierung ... von der christlichen Kirche geschieden [hat]. Die Bekennende Kirche ist die wahre Kirche Jesu Christi in Deutschland." (*Tietz 2024: 75*) Mit dieser Aussage verärgerte er nicht nur viele Leute in der Kirche, sondern auch das NS-Regime. So wurde sein Predigerseminar im September 1937 von Heinrich Himmler verboten (*Tietz 2024: 77*).

Ab 1940 tat sich Bonhoeffer mit Mitverschwörern zusammen, welche Hitler stürzen wollten (*Tietz 2024: 90*). Er machte sich Gedanken, wie Deutschland nach der „Beseitigung Hitlers" aussehen könnte; so entwarf er zum Beispiel eine Rede, die nach dem Sturz von Hitler auf der Kanzel verlesen werden sollte (*Tietz 2024: 92*).

Wegen seiner jahrelangen Tätigkeiten – ab 1940 auch im Untergrund – wurde Dietrich Bonhoeffer am 5. April 1943 verhaftet (*Tietz 2024: 102*). In seiner Gefangenschaft schrieb er auch heute noch berühmte Briefe an seine Familie und seine Verlobte (*Tietz 2024: 106*). Er wurde am 9. April 1945, nur drei Wochen vor Kriegsende, durch Erhängen hingerichtet (*Tietz 2024: 121*).

2.3.2 Clemens August von Galen

Clemens August von Galen war ein deutscher Theologe, welcher ab dem Jahr 1933 der Bischof von Münster war (*Trautmann 2010: 47*). Von Galen wurde bekannt dafür, kein Blatt vor den Mund zu nehmen. So kritisierte er bereits 26. März 1934 mit einem Hirtenbrief die nationalsozialistische Ideologie und die damit einhergehende Verherrlichung der nordischen Rasse (*Trautmann 2010: 53*). Nachdem der NS-Staat auf von Galen und andere Gegenstimmen in der Kirche aufmerksam wurde, kam es 1934 verstärkt zu Inhaftierungen von Kirchenfunktionären (*Trautmann 2010: 59*). Von Galen wurde nach dem Gauparteitag 1935 zum Feindbild stilisiert, er hatte jedoch starken Rückhalt aus seiner Glaubensgemeinde (*Trautmann 2010: 62*).

Dennoch war sich von Galen bewusst, dass eine Verhaftung nicht unmöglich war, da das NS-Regime immer unberechenbarer wurde. So rechnete er ab 1935 mit einer Inhaftierung und traf daraufhin Vorbereitungen (*Trautmann 2010: 70*).

Von Galen war auch maßgeblich daran beteiligt, den Papst um Hilfe zu bitten; und zwar nicht weiter über den diplomatischen Weg, sondern in Form einer Enzyklika (*Trautmann 2010: 81*). So kam es 1937 zur Enzyklika „Mit brennender Sorge" welche Kirchengeschichte schrieb (*Trautmann 2010: 81*). Die Schrift kam heimlich nach Deutschland und wurde dort vervielfältigt; von Galen sorgte dafür, dass alle Gläubigen die Enzyklika ungekürzt vorgetragen bekommen (*Trautmann 2010: 83*).

Letztendlich hebt sich von Galens Widerstand gegen das NS-Regime durch seine drei großen Predigten während des zweiten Weltkriegs heraus, in denen er sich offen gegen den Unrechts-Staat ausspricht (*Trautmann 2010: 96*). Seine Predigten hatten weitreichende Folgen, so wurde das Euthanasieprogramm sofort gestoppt; verhaftet wurde er trotzdem nicht, da man befürchtete, dass die Bevölkerung in seiner Diözese im Krieg nicht brauchbar und gehorsam wäre (*Trautmann 2010: 102*).

Tatsächlich kam es auch in den folgenden Jahren nicht zu einer Verhaftung oder gar – im Gegensatz zu vielen verurteilten Pfarrern in den Konzentrationslagern – zu seinem Tod. Die drei Predigten bildeten allerdings auch die Spitze seines lauten Widerstandes (*Trautmann 2010: 109*). Ende 1945 wurde bekannt, das von Galen zum Kardinal ernannt werden soll (*Trautmann 2010: 116*). Am 22. März 1946 starb Clemens August von Galen an den Folgen einer Blinddarmentzündung.

Literatur- und Quellenverzeichnis

Bonhoeffer, Dietrich

    Brief an seinen Freund Eberhard Bethge, 1933

    in: Widerstand und Ergebung: Briefe und Aufzeichnungen aus der Haft

    1951

    Chr. Kaiser Verlag; München

Hacke, Gerald

    Die Zeugen Jehovas im Dritten Reich und in der DDR

    Feindbild und Verfolgungspraxis

    1. Auflage; 2011

    Vandenhoeck & Ruprecht; Göttingen

Jehovas Zeugen, https://www.jw.org/de/jehovas-zeugen/oft-gefragt/was-glauben-zeugen-jehovas/, uuletzt abgerufen am 20.12.2024 um 13:01 Uhr

Link, Christoph

    Kirchliche Rechtsgeschichte

    Juristische Kurzlehrbücher

    3. Auflage; 2017

    C.H.Beck; München

Schnabel, Thomas

    Formen des Widerstandes im Südwesten 1933-1945

    Scheitern und Nachwirken

    1. Auflage; 1994

    Süddeutsche Verlagsgesellschaft; Ulm

Trautmann, Markus

    Clemens August von Galen

    Ich erhebe meine Stimme

    3. Auflage; 2010

    Verlagsgemeinschaft topos plus; Kevelaer

Tietz, Christiane

> Dietrich Bonhoeffer
>
> Theologe im Widerstand
>
> 3. Auflage; 2024
>
> C.H.Beck; München

Anlagenverzeichnis

Bekanntmachung über das Konkordat zwischen dem Deutschen Reich und dem Heiligen Stuhl vom 12. September 1933 (Reichskonkordat 1933; Auszug)

Gibt es einen Anspruch auf religionsfreie Räume in Deutschland?

Jan Malek

1 Einleitung

Die Frage nach einem Anspruch auf religionsfreie Räume wird immer wichtiger. In einer pluralistischen Gesellschaft gehen die Menschen verschiedensten Glaubensrichtungen und Weltanschauungen nach. In dieser Gesellschaft wird die Gruppe der Religionslosen immer größer. Nicht zuletzt an den sinkenden Mitgliederzahlen der Kirchen ist das abzulesen, dass Religion für immer mehr Menschen nicht mehr im Mittelpunkt steht. Aber auch frei von Institutionen wie der Kirche spielt für Konfessionslose Spiritualität und Religiosität eine immer kleinere Rolle. Das können viele in ihrem direkten und erweiterten Umfeld beobachten (Vgl. SWR Aktuell, Autor: Fichtner, Nele, 2023).

Zu Deutschland gehört religiöse Vielfalt und Auslebung, jedoch ist die Frage durchaus berechtigt, ob all jene, die mit Religion und Sinnstiftung nichts am Hut haben, auch einen Anspruch darauf haben, dieser gänzlich aus dem Weg zu gehen.

Das Ziel meines Fachprojektes ist es festzustellen, ob es in Deutschland einen Anspruch auf religionsfreie Räume gibt. Dabei geht es nicht hauptsächlich um einzelne Debatten und Gerichtsurteile, sondern vielmehr um den rechtlich gegebenen Rahmen und die generelle daraus resultierende Handhabung von religiöser Neutralität im staatlichen Handeln.

2 Definitionen

Um der Frage nach einem Anspruch auf religionsfreie Räume in Deutschland nachgehen zu können, muss zunächst definiert werden, was überhaupt unter Anspruch und Religion verstanden wird.

2.1 Anspruch

Im Kontext des Rechts bedeutet der Ausdruck „Anspruch" das Recht einer Person, eine bestimmte Leistung von jemand anderem zu fordern. Dieser Anspruch kann auf einer gesetzlichen Vorschrift, einem Vertrag oder verschiedenen anderen Rechtsinstrument beruhen und beinhaltet Forderungen sowie potenzielle Klageansprüche vor Gericht. Es gibt verschiedene Arten von Ansprüchen, zum Beispiel vertragliche Ansprüche, Ansprüche aus verbotenen Handlungen oder Ansprüche aus Gesetzen. Die Durchsetzung eines Anspruches landet oftmals vor Gericht (Vgl. Bundeszentrale für politische Bildung, Alex, Lennart / Fisahn, Andreas / Hähnchen, Susanne / Mushoff, Tobias / Trepte, Uwe, 2025). Rechtlich eindeutig definiert ist „Anspruch" im §194(1) des bürgerlichen Gesetzbuches. Nach Wortlaut im Gesetz ist ein Anspruch „das Recht, von einem anderen ein Tun oder Unterlassen zu verlangen". Bei einer solch großen allgemeinen Frage kann als „anderer" meist nur der Staat in Betracht kommen, der einen Anspruch eventuell in der Theorie gewährleisten könnte. In Deutschland regeln die Verfassung und einzelne Gesetze das Zusammenleben in der Gemeinschaft (vgl. Deutscher Bundestag, 2025). Ein Anspruch als solcher muss also daraus abgeleitet werden.

2.2 Religiöser Raum

„Eine Religion stellt eine Gesamtsicht der Welt dar, der es um die Stellung des Menschen, seine Herkunft, Ziele und Beziehungen zu höheren Mächten und tieferen Seinsschichten geht" (Soliman, Mohamad, 2024). Religion bietet für viele Menschen die Möglichkeit sich im Leben zu orientieren und die Welt zu deuten. Dafür wenden sie verschiedenste Praktiken an. Durch Religionsausübung im Gottesdienst und im Gebet, Meditation, Gesang, Tanz und viele andere Zeremonien und Symbole drücken die Menschen ihr religiöses Erleben und ihre religiösen Überzeugungen aus (Vgl. Bundeszentrale für politische Bildung, Schneider, Gerd / Toyka-Seid, Christiane, 2025). Religionsfreier Raum ist folglich überall dort, wo all das nicht sichtbar ist.

3 Rechtlicher Rahmen

Religionsfreiheit ist in Deutschland ein Grundrecht. Geregelt ist das in Artikel 4 Grundgesetz. Grundrechte sind in Deutschland „unmittelbar geltendes Recht" (Deutscher Bundestag, 2025). Das heißt die Bürgerinnen und Bürger können sich auf sie gegenüber jeglicher Staatsgewalt berufen. In ihm sind keine gesetzlichen Grenzen benannt. Folglich kann es nur durch eine verfassungsimmanente Schranke im Konflikt mit einem anderen Artikel der Verfassung beschränkt werden. Das heißt Religionsfreiheit ist eines der höchsten Rechte in Deutschland. Des Weiteren wird im Artikel 140 Grundgesetz das Verhältnis zwischen Staat und religiösen Institutionen oder Weltanschauungsgemeinschaften geregelt (Vgl. Bundesministerium des Innern und für Heimat, 2025). Auch der Artikel 33 des Grundgesetzes, der die Neutralitätspflicht des Staates thematisiert, ist für die Beantwortung der Frage relevant.

3.1 Religionsfreiheit

Religionsfreiheit ist in Deutschland ein Grundrecht und somit in der Verfassung verankert.

3.1.1 Positive Religionsfreiheit

In Deutschland wird Religionsfreiheit in Artikel 4 Grundgesetz geschützt. Religionsfreiheit bedeutet, dass jeder Mensch in seinem Glauben und in seiner Weltanschauung frei ist. In Artikel 4 (2) Grundgesetz wird sogar die Religionsausübung explizit geschützt. Religionsfreiheit ist in Deutschland ein sogenanntes „Jedermanngrundrecht". Das heißt alle natürlichen Personen können sich darauf beziehen. (Vgl. Soliman, Mohamad, 2024) Was im Allgemeinen umgangssprachlich als Religionsfreiheit verstanden wird, ist genau genommen als positive Religionsfreiheit zu bezeichnen.

3.1.2 Negative Religionsfreiheit

Die in Art. 4 Grundgesetz gründende Religionsfreiheit muss aber genauso andersrum verstanden werden. „Zur Religion und Bekenntnisfreiheit gehört das Recht, keinem religiösen Bekenntnis anzugehören, an religiösen Handlungen nicht teilzunehmen oder seine vorhandene religiöse Überzeugung zu verschweigen." (Starck, Christian, 2012) Dieses Recht wird als negative Religionsfreiheit bezeichnet. Diese negative Religionsfreiheit ist der positiven absolut gleichgestellt.

3.2 Verhältnis zwischen Staat und Religionen

Das Verhältnis zwischen Staat und Religion ist in Deutschland in Artikel 140 des Grundgesetzes geregelt.

3.2.1 Verhältnis zwischen Staat und Religion nach der Weimarer Reichsverfassung

Der Artikel 140 Grundgesetz regelt in Deutschland das Verhältnis zwischen Staat und religiösen Institutionen. Artikel 140 des Grundgesetzes selbst ist relativ textkarg und besagt „nur", dass die Artikel 136, 137, 138, 139 und 141 der Weimarer Reichsverfassung Bestandteil dieses (des aktuell in Deutschland geltenden) Grundgesetzes sind. Im Allgemeinen werden diese Artikel als Religionsverfassungsrecht (historisch: Staatskirchenrecht) bezeichnet (Vgl. Religionsverfassungsrecht, Bundesministerium des Innern und für Heimat, 2025). Der wichtigste dieser Artikel der Weimarer Reichsverfassung ist der Artikel 137 WRV. Artikel 137 (3) der Weimarer Reichsverfassung regelt die Selbstverwaltung und Selbstorganisation der religiösen Institutionen und Weltanschauungsgemeinschaften. In Artikel 137 (1) der Weimarer

Reichsverfassung ist verankert, dass „keine Staatskirche" (WMR Art. 137 (1)) besteht. (Vgl. opinioiuris.de, 2025) Das macht Deutschland zum säkularisierten Staat.

3.2.2 Deutschland als säkularisierter Staat

Säkularisierter Staat bedeutet, dass es keine Staatsreligion gibt. „Der Charakter des säkularisierten Staates lässt sich zunächst dahin umschreiben, dass in ihm die Religion beziehungsweise eine bestimmte Religion nicht mehr verbindliche Grundlage und Ferment der staatlichen Ordnung ist. Staat und Religion sind vielmehr grundsätzlich voneinander getrennt, der Staat als solcher hat und vertritt keine Religion." (Böckenförde, Ernst-Wolfgang, 2007, Der säkularisierte Staat, S.12) Er identifiziert sich mit keiner Religion, sondern versteht sich als religionsneutral. Dadurch gibt er jeder Religion einerseits Raum zur freien Entfaltung, andererseits verwehrt er ihnen aber den Zugriff auf staatliche Institutionen. (Vgl. Böckenförde, Ernst-Wolfgang, 2007, Der säkularisierte Staat, S.14 ff.) In Artikel 138 der Weimarer Reichsverfassung wurde jedoch die Hintertür eingebaut, dass die materiellen und finanziellen Rechte die Religionsgemeinschaften in der Vergangenheit (vor dem Inkrafttreten der Weimarer Reichsverfassung 1919) eingeräumt wurden weiterhin bestehen (Vgl. opinioiuris.de, 2025). Das heißt Deutschland ist kein laizistischer Staat nach französischer Prägung. Das klassische Beispiel hierfür ist Religionsunterricht an Schulen.

3.3 Staatliche Neutralität gegenüber allen Religionen und Weltanschauungen

Artikel 33 (3) Grundgesetz und Artikel 3 (3) Grundgesetz in Verbindung mit Artikel 136 (1) der Weimarer Reichsverfassung garantiert die staatliche Neutralität gegenüber allen Religionsgemeinschaften. Das gilt etwa für den Zugang zu öffentlichen Ämtern für alle, unabhängig von religiösen und weltanschaulichen Bekenntnissen. Das bedeutet aber gleichzeitig, dass wenn der Staat im Kontrast zum Laizismus öffentliche Wirkungsmöglichkeiten für Religionsgemeinschaften nach Artikel 138 der Weimarer Reichsverfassung einräumt oder stellt, er auf strikte Gleichbehandlung achten muss (Vgl. Dreier, Horst, 2019).

4 Rechtliche Konflikte

In der Praktischen Anwendung ist es extrem schwierig diese Rechtsgrundlagen gegenseitig zu gewichten. Wo fängt die Religionsfreiheit nach Artikel 4 Grundgesetz an und wo kommt sie in einen Konflikt mit anderen Verfassungsgütern? „Der Glaubensbegriff ist stark vom subjektiven Vorstellungsbild des Einzelnen geprägt" (juracase.com, Schuchardt, Lisa-Marie, 2021). Die Artikel 136 ff. der Weimarer Reichsverfassung nennen nur Gesetzesvorbehalte für bestimmte Konstellationen, wie dem Läuten der Kirchenglocken. Andere religiöse Handlungen wie das Abhalten religiöser Zeremonien kommen ständig in Konflikt mit anderen Grundrechten, wie zum Beispiel der allgemeinen Handlungsfreiheit nach Artikel 2 (1) Grundgesetz. Besonders schwierig dabei ist, wenn auch das Neutralitätsgebot des Staates nach Artikel 33 (3) des Grundgesetzes zu gewichten ist (Vgl. Schuchardt, Lisa-Marie, 2021). Immer wieder kommt es zu neuen Gerichtsurteilen für Einzelfälle, zum Beispiel beim Thema religiöse Symbole zu Gericht oder in Schulen. Besonders prominent war dabei im Jahr 2023 die Entscheidung des Bundesverwaltungsgerichts in Leipzig, den sogenannten Kreuzerlass in Bayern nicht gerichtlich aufzuheben, aufgrund der fehlenden rechtlichen Außenwirkung. Somit verletze sie keine Rechte der Bürger bezüglich staatlicher Neutralität (vgl. Bundesverwaltungsgericht Leipzig, 2023). Dass das Neutralitätsgebot aber auch vorrangig sein kann zeigt die Entscheidung des Bundesverfassungsgerichts die Klage einer Rechtsreferendarin abzuweisen, die gegen das Tätigkeitsverbot mit Kopftuch im juristischen Bereich in Hessen geklagt hatte. Die staatliche Neutralität habe hier Vorrang (Vgl. Bundesverfassungsgericht, 2020). In diesem Dschungel des gegeneinander Aufwiegens ist jedoch klar, die negative Religionsfreiheit, die Freiheit keinen Glauben zu haben, spielt dabei die gleiche Rolle, die jede andere Art der Religion auch spielt (Vgl. juracase.com, Schuchardt, Lisa-Marie, 2021).

5 Fazit

Für die Beantwortung der Ausgangsfrage gibt es durch all diese rechtlichen Grundlagen und Konflikte eine eindeutige Antwort. Es kann keinen Anspruch auf absolut religionsfreie Räume geben. Deutschland ist ein säkularisierter Staat, dennoch bietet er den Religions- und Weltanschauungsgemeinschaften öffentliche Wirkungsmöglichkeiten. Das Neutralitätsgebot des Staates bedeutet nicht die absolute Abkehr von Religionen, sondern dass er sie alle gleichbehandelt. Die Religionsfreiheit im Grundgesetz garantiert, dass jeder in seinem Glauben beziehungsweise in seiner Weltanschauung frei ist, egal ob er sich in einer Gruppe zusammenschließt oder nicht. Dazu gehört jeder, der sich als frei von jeglicher Art von Glauben oder Sinnstiftung versteht. Betrachten wir diese „Religionslosen" als Gruppe wird klar, warum es für all jene keinen Anspruch auf absolut religionsfreie Räume geben kann. Würde ein solcher Anspruch bestehen, hätte aufgrund der Säkularisierung und des Neutralitätsgebot des Staates auch absolut jede andere Religionsgemeinschaft oder Weltanschauungsgruppe einen Anspruch auf „eigenen Raum". Davon kann es aufgrund des Artikel 4 des Grundgesetzes so viele geben, wie Deutschland Menschen hat. Die extrem komplexen Entscheidungen in der Rechtsprechung zeigen wie schwierig es ist, die aktuellen verfassungsrechtlichen Regelungen umzusetzen. Die Ansprüche aller auf absoluten Raum ihrer jeweiligen religiösen und weltanschaulichen Einstellungen würden sich gegenseitig schlichtweg ausschließen. Folglich gibt es keinen Anspruch auf absolut religionsfreie Räume.

Literaturverzeichnis

SWR Aktuell, Sendung vom 14.11.2023 18:00 Uhr; Beitrag „Kirche und Religiösität verlieren an Bedeutung: Autor: Nele Fichtner

Bundeszentrale für politische Bildung. Website: https://www.bpb.de/kurz-knapp/lexika/recht-az/323017/anspruch/; Stand 08.01.2025 20:40 Uhr.
Anspruch: Autoren Lennart Alexy / Andreas Fisahn / Susanne Hähnchen / Tobias Mushoff / Uwe Trepte

Deutscher Bundestag. Website:
https://www.bundestag.de/services/glossar/glossar/G/gesetze245434; Stand 08.01.2025

Universität Potsdam. Website: https://www.uni-potsdam.de/de/rechtskunde-online/rechtsgebiete/oeffentliches-recht/grundrechte/glaubens-und-religionsfreiheit-art-4-gg; Stand 12.01.2025 20:00 Uhr.
Religions- Weltanschauungs- und Gewissensfreiheit Art. 4 GG: Autor: Mohamad Soliman

Bundeszentrale für politische Bildung. Website: https://www.bpb.de/kurz-knapp/lexika/dasjunge-politik-lexikon/321041/religion/; Stand 09.01.2025 21:30 Uhr.
Religion: Autoren: Gerd Schneider / Christiane Toyka-Seid

Deutscher Bundestag. Website: https://www.bundestag.de/parlament/grundgesetz/gg-serie02-grundrechte-634546#:~:text=„Grundrechte%20sind%20unmittelbar%20geltendes%20Recht"&text=Deshalb%20sind%20die%20Grundrechte%20„unmittelbar,den%20Gerichten%20auf%20sie%20berufen; Stand 09.01.2025 22:30 Uhr

Bundesministerium des Innern. Website:

https://www.bmi.bund.de/DE/themen/heimat-integration/gesellschaftlicher-zusammenhalt/staat-und-religion/religionsverfassungsrecht/religionsverfassungsrecht-node.html ; Stand 10.01.2025, 23:30 Uhr

Starck, Christian, 2012. Religionsfreiheit in Deutschland als positive und negative Freiheit

Opinioiuris.de. Website: https://opinioiuris.de/kommentar/gg/140; Stand 11.01.2025, 22:00 Uhr
Artikel 140 GG - Recht der Religionsgemeinschaften (Kommentar)

Böckenförde, Ernst-Wolfgang, 2007, Der säkularisierte Staat

Dreier, Horst, 2019: Recht und Religion: Zur (Un-)Möglichkeit religiös-weltanschaulicher Neutralität des Staates

Juracase.com. Website: https://jurcase.com/staat-und-religion-welche-konflikte-gibt-es/; Stand 11.01.2025, 22:45 Uhr.
Staat und Religion: Welche Konflikte gibt es: Auto: Lisa-Marie Schuchardt

Bundesverwaltungsgericht Leipzig, 19.12.2023, Pressemitteilung Nr. 96/2023

Bundesverfassungsgericht, 14.01.2020, Pressemitteilung Nr.13/2020

Was ist die Religion noch wert?

Christliche Werte in Grundrechten und Parteiprogrammen

Andreas Martin

1 Einleitung

Erstmals in der deutschen Geschichte würden 2024 die Konfessionslosen einen ebenso großen Bevölkerungsteil ausmachen, wie die beiden größten Glaubensrichtungen Katholizismus und Protestantismus zusammengenommen. Dies sei nur der letzte Punkt in einem Trend, der seit den 1970er Jahren fallende Zahlen bei den Mitgliedern der religiösen Gemeinschaften in Deutschland sieht. Dies ergab eine Studie, die von der Forschungsgruppe Weltanschauungen in Deutschland durchgeführt wurde (vgl. Humanistischer Pressedienst 2024). Anhand dieser Entwicklung könnte man vermuten, dass die Religion oder zumindest ihre organisierte Form mit der Zeit in der Bundesrepublik verschwinden wird. Ein Anliegen dieser Arbeit war es daher zu untersuchen, ob trotz anhaltender Säkularisierung in Deutschland weiterhin eine bewusste Identifizierung mit christlichen Werten stattfindet. Ein besonderer Fokus wurde dabei auf den Einfluss gelegt, den christliche Werte auf die politische Sphäre haben. Der Einfluss der Religion wird sowohl geschichtlich bei der Formulierung der Grundrechte, als auch darauf aufbauend auf die gegenwärtige Politik in Form von Parteiprogrammen untersucht.

2 Zwei Sphären

Religion ist ein Phänomen, für das sich in unterschiedlichen Disziplinen stark voneinander abweichende Definitionen finden lassen. Ein aktuelles Bespiel hierfür bietet Köck, der in seiner Schrift den Begriff aus verschiedenen Perspektiven beleuchtet bevor er konstatiert, dass eine Definition, die alle Phänomene umfasst, die jemals als „Religion" bezeichnet wurden, von vornherein zum Scheitern verurteilt ist (vgl. Köck 2024: 156). Was als Religion gesehen werde, sei oft nur das, mit dem man selbst am meisten Erfahrungen gemacht habe. Aus der Sicht eines Europäers wäre Religion also vor allem eine Form der Abrahamitischen Religionen. Da sich im Anschluss aber mit Grundrechten auseinandergesetzt werden soll, werde ich eine Definition verwenden, wie sie in der Staatsrechtslehre gebräuchlich ist. In der Beschreibung des Schutzraumes des Artikel 4 des Grundgesetzes wird die Religion mit dem *Glauben* in Verbindung gebracht, der sich auf Gottheiten, heilige Schriften oder Religionsstifter bezieht (vgl. Kingreen et al 2023: 182). Der Glaube wird hier von der *Weltanschauung* unterschieden, die sich auf areligiöse Konzepte wie Sozialismus oder Humanismus bezieht.

Religion, insbesondere das Christentum, und politische Herrschaft stehen in Europa ein einem lang existierenden Wechselverhältnis. Bis zum späten 11. Jahrhundert waren die beiden noch nicht voneinander zu unterscheiden. In einem Jahrhunderte andauernden Prozess kam es jedoch zu einer Trennung dieser Sphären (vgl. ausführlich Böckenförde 2015: 46ff., Kreß 2012: 19ff.). Mithin wird dieser Prozess als *Säkularisierung* umschrieben. Dieser Begriff ist vielschichtig und kann zum Teil widersprechende Bedeutungen beinhalten In ihrer ursprünglichen Bedeutung war damit die Auflösung kirchlicher Güter gemeint, mittlerweile kann damit aber auch eine innere Ablösung der Lebensführung von religiösen Ordnungen gemeint sein (vgl. Knoblauch 1999: 20). Im Extremfall kann dann sogar ein vollständiges und notwendiges Verschwinden der Religion zur Etablierung einer modernen Gesellschaft attestiert werden. Empirisch hat sich dieses Verschwinden allerdings nie feststellen lassen. Zwar ist die Anzahl der Kirchenaustritte in Deutschland stetig angewachsen, ebenso wie die Zahl derer, die sich selbst als konfessionslos bezeichnen (vgl. REMID 2024). Weltweit lässt sich diese Entwicklung jedoch nicht feststellen (vgl. ARDA 2024). Auch ist zu fragen, ob Religion verschwindet oder einfach neue Formen annimmt. Das organisierte Christentum könnte so durch private Religiosität abgelöst worden sein (vgl. Knoblauch 1999: 170ff.).

Es kann die Frage gestellt werden, ob eine menschliche Existenz ohne das Element des Glaubens überhaupt möglich ist. Bizeul bezeichnet den Glauben als notwendiges Werkzeug zur Komplexitätsreduktion, ohne die ein Verständnis der Welt gar nicht möglich wäre (Bizeul 2009: 7f.). Selbst die Wissenschaft käme nicht ohne ihn aus und müsse auf nicht beweisbare Axiome zurückgreifen, von denen aus sie ihre Theorien formulieren kann. Stein stellt die These einer Anthropologischen Konstante auf, nach der Menschen immer auf ein Element des Glaubens angewiesen sind (vgl. Stein 2007: 53).

Verschwunden ist das Religiöse also nicht, doch es hat sich verändert und seinen Einfluss auf das Politische ist vermindert. Es lassen sich zwei Sphären erkennen, die sich mit den Begriffspaaren weltlich – geistlich, Politik – Religion, Recht – Moral umschreiben lassen. Kreß betonte die Wichtigkeit, gerade letzteres klar zu trennen: „Unter Moral ist in erster Linie das persönliche Ethos, die Lebensanschauung des einzelnen Menschen selbst zu verstehen. Darüber hinaus besitzt der Begriff […] eine überindividuelle Komponente. Unter ihm lassen sich die Sitten, Normen oder Regeln subsummieren, die in der Zivilgesellschaft als Ganzes in Geltung stehen". Das *Recht* sei davon zu unterscheiden, dieses lasse sich „definieren als Inbegriff der generellen Anordnungen für das menschliche Zusammenleben" (Kreß 2012: 59, nach Radbruch 2003: 38). Soweit Recht und Moral getrennt zu sehen sind, so sind sie gleichzeitig aneinander rückgekoppelt (vgl. ebd.: 71): Das Recht ist zum einen geschichtlich aus den vorherrschenden Normen und Werten zur Zeit seiner Entstehung hervorgegangen. Außerdem wird es in einem ständigen Prozess durch die moralischen Vorstellungen der Gegenwart herausgefordert und modifiziert. Auf der anderen Seite ist die Moral durch das gegebene Recht ebenfalls beinflussbar. Das Recht schaffe einen Rahmen, der es den Bürgern ermöglicht, persönliche Handlungsspielräume auszuschöpfen und die eigenen Vorstellungen zu realisieren (vgl. ebd.: 75). Dies ermögliche es dem Gesetzgeber, Verhaltens- und Einstellungsveränderungen in der Bevölkerung anzustoßen. Ein wichtiges Beispiel dieser Wechselwirkung ist in der Entstehung der Grundrechte der Bundesrepublik Deutschland zu finden.

3 Das Grundgesetz als Kern der rechtlichen Sphäre

Das Grundgesetz ist nicht in einem luftleeren Raum entstanden. Mit dem Untergang und den Taten des Nationalsozialismus konfrontiert, oblag es den Vertretern des Konvents auf Herrenchiemsee, eine neue Verfassung für das zerstörte Deutschland zu entwerfen. 1949 beschlossen und 1990 für die neuen Bundesländer übernommen, ist sie die bis heute gültige Verfassung der BRD. Ihre Basis bilden die ersten 20 Artikel, in denen die Grundrechte als „normativer Kern" (Kreß 2012: 117) festgehalten sind[1]. Auch die Grundrechte entstanden nicht unmittelbar durch die Umstände des Konvents, sondern gehen auf Wertvorstellungen zurück, die bereits lange vorher existiert haben (vgl. Mosebach 2022: 67).

Bei der Formulierung des Grundgesetzes sah Böckenförde die Werte des Christentums als grundlegend an. Im Zuge der Säkularisierung hätten die christlichen Werte zwar ihre institutionelle Form verloren, hätten sich aber in der neuen gesellschaftlichen Ordnung wieder verwirklicht (vgl. Böckenförde 2015: 67ff). Kritisiert werden kann hier jedoch, dass die von Böckenförde postulierte Wichtigkeit des Christentums zu kurz greift. So bejaht Stein einerseits den Einfluss, den die christliche Lehre auf die Demokratie ausübte. Allerdings vollzog sich diese Entwicklung nicht zwangsläufig und war nur möglich unter den spezifischen Umständen, in denen sich Deutschland befand. Viele andere Länder machten diese Entwicklung nicht oder nur in abgeänderter Form durch, obwohl sie ähnliche christliche Wertesysteme hatten. „Aber *eine* Wurzel ist das jüdische und das christliche Denken und die christliche Tradition durchaus" (Stein 2007: 19, H. d. V.). Kreß führt diesen Gedanken weiter aus. Anhand des ersten

---

[1] Weitere Grundrechte sind in den Artikeln 33, 38, 101, 103 und 104 zu finden (vgl. BPD 2024).

Grundrechts der Menschenwürde identifiziert er neben den christlich-jüdischen Wurzeln mehrere Denkwege, in dem dieses Konzept in der Rechtsgeschichte erschlossen wurde (vgl. Kreß 2012: 123 ff.): Frühere naturrechtliche Theorien sollen so beispielsweise die Würde des Menschen auf das Wissen zurückgeführt haben, dass im Kern jedes Menschen eine Geistseele existiere. Kant schrieb dagegen dem Menschen Würde zu, weil dieser als Subjekt grundsätzlich fähig sei, vernünftig und freiheitlich zu handeln. Phänomenologische Ansätze machen die Würde eher an den einzigartigen Eigenschaften fest, die den Menschen von anderen Lebewesen unterscheiden: „der Transzendenzbezug, das Gewissen und das sittliche Empfinden, die Fähigkeit zur Antizipation der Zukunft und das Bewusstsein der Endlichkeit und Sterblichkeit" (ebd.: 129). Kulturgeschichtlich wiederum wird der Schutz der Menschenwürde auf besondere Erfahrungen in der Geschichte zurückgeführt. In Deutschland wären dies vor allem die Erfahrungen mit dem NS-Regime gewesen. Während hier nur die Menschenwürde hergeleitet wurde, lassen sich diese Ausführungen leicht auf die weiteren Grundrechte übertragen, die sich ihr anschließen.

Das Christentum nahm somit Einfluss, aber nicht ausschließlich. Einzelne Grundrechte in ihrer Entstehung fast vollständig auf dieses zurückzuführen, dürfte sich als unmöglich und unfruchtbar erweisen. Es sollen im Anschluss allerdings zwei Bereiche beleuchtet werden, auf denen das Christentum Einfluss nahm. Da diese der Sphäre des Rechts zuzuordnen sind, wird gleichfalls gefragt: Welchen Einfluss von dieser lässt sich hier und heute auf die Sphäre der Moral feststellen? Beantwortet wurde dies mit der Untersuchung von Parteiprogrammen.

4 Das Parteiprogramm als Zeugnis der moralischen Sphäre

Parteien nehmen im politischen System der Bundesrepublik eine zentrale Rolle als Vermittler ein. Aus ihren Reihen rekrutieren sich die Mitglieder des Bundestages, der Landesparlamente sowie der Regierungen, die sich aus ihnen bilden. Sie bestimmen daraufhin das erlassene Recht und die Maßnahmen, mit der dieses umgesetzt wird. Auf der anderen Seite sehen sie sich als Vertreter der Bevölkerung bzw. eines spezifischen Teils davon Sie sammeln die Interessen dieses Teils, bündeln diese und leiten sie in die Parlamente weiter. Jede Partei hat hierbei ihre eigenen Vorstellungen davon, was wichtig und richtig ist. Betrachtet wurde hier der momentane Ist-Zustand in Form von *Parteiprogrammen*, die im November 2024 ihre Gültigkeit hatten[2] (vgl. Die Bundeswahlleiterin 2024). Es wurden die Programme von Parteien verwendet, die zu diesem Moment im Bundestag vertreten waren: CDU, CSU, SPD, Die Grünen, FDP, Die Linke und AfD. Ausgelassen wurde der SSW, der mit einem Abgeordneten im Bundestag

---

[2] Eine ausführliche Beschreibung der verwendeten Parteiprogramme findet sich im Anhang.

vertreten ist, und das BSW. Von letzterem existierte zum Zeitpunkt der Untersuchung nur ein fünf Seiten langes Programm, das im Umfang nicht mit den restlichen vergleichbar war.

Ein Parteiprogramm muss mehrere Funktionen erfüllen: Es muss Außenstehenden die Positionen der Partei verständlich vermitteln und diese schlüssig von denen anderer Parteien abgrenzen. Es kann Zeugnis über die Hintergründe und Motivation ablegen, die zur Gründung der Partei geführt haben. Es kann eine Beschreibung des aktuellen Zustands Deutschlands abgeben und die Probleme benennen, die primär kurz- oder langfristig angegangen werden müssen. Es kann hierfür bereits konkrete Lösungen nennen, die zur Erreichung der Ziele beschlossen werden müssen. Im Rahmen dieser Arbeit werden sie als Zeugnisse gesehen, welche die momentanen moralischen Vorstellungen der Parteien wiedergeben.

Im Folgenden sollen zwei Bereiche erörtert werden, in denen das Christentum einen Einfluss auf die Grundrechte nahm, und gleichzeitig in einem „Blick auf die Parteien" deren Position dazu (soweit vorhanden) wiedergegeben werden.

5 Christliche Werte in Grundrechten und Parteiprogrammen

5.1 Schutz der Menschenwürde

Die Würde des Menschen ist unantastbar.
Sie zu achten und zu schützen ist Verpflichtung aller staatlichen Gewalt. [Art. 1 I GG]

Der Schutz der Menschenwürde ist das erste und zentrale Grundrecht[3] der deutschen Verfassung. Aus ihr lässt sich ein Auftrag ableiten, der unter der *Objektformel* beschrieben wird: Da der Mensch Würde als Subjekt hat, dürfe er nie zum bloßen Objekt des staatlichen Handelns verkommen (vgl. Kingreen et al 2023: 126).

> **Der Blick der Parteien:**
> Zu Beginn jeder Betrachtung habe ich jedes Parteiprogramm einer einfachen Wortsuche unterzogen. So ließ sich bereits ein erster Eindruck gewinnen, ob und wie oft ein bestimmtes Konzept angesprochen wird. Die Begriffe *Würde / Menschenwürde* tauchen so zum Beispiel im Programm der CDU 29mal, bei der SPD 22mal, bei den Grünen 42mal und bei der AfD nur zweimal auf[4].

---

[3] Zuweilen wird die Frage aufgeworfen, ob es sich bei der Menschenwürde um ein Grundrecht handelt oder um ein Prinzip, das diesen noch vorgelagert ist. Kreß sieht ihn ihr <u>sowohl ein</u> eigenständiges Grundrecht <u>als auch</u> einen Basisbegriff der Verfassung, der unter Einbeziehung weiterer Rechte auszulegen ist (vgl. Kreß 2012: 118). Seine Position im ersten Kapitel des Grundgesetzes und spätere Auslegungen durch das BVerfG bestärken ebenfalls seinen Status als Grundrecht (vgl. Kingreen et al 2023: 124).
[4] Für eine Übersicht über alle durchgeführten Wörtersuchen in den Parteiprogrammen siehe den Anhang.

SPD, Grüne und **Linke** stellen die Menschenwürde an den Beginn ihres Programms. Sie wird als Ausgangspunkt und als auch als Ziel ihrer Politik benannt: *„Im Mittelpunkt unserer Politik steht der Mensch in seiner Würde und Freiheit. Jeder Mensch ist einzigartig und frei und gleich an Würde und Rechten geboren"* (Grüne: 10). Die Würde gilt hier für sich, für sie wird keine weitere Begründung herangezogen: *„Diesem Ziel liegt ein Menschenbild zugrunde, das von der Universalität und Unteilbarkeit der Menschenrechte ausgeht und lediglich eine Begründung braucht: Weil ich ein Mensch bin"* (Linke: 39).

CDU und **CSU** gehen ebenfalls auf die Würde im Zusammenhang mit der Grundlage ihrer Politik ein, allerdings, wir diese in Abhängigkeit mit ihrem christlichen Weltbild gestellt (s.u.). Die **FDP** nimmt nicht die Würde als Ausgangspunkt ihrer Politik, sondern die Freiheit des Menschen. Diese würde ein Leben in Würde erst ermöglichen: *„Für uns Liberale ist der archimedische Punkt der Politik die Freiheit des Einzelnen"* (FDP: 3). Die **AfD** schließlich nimmt als Ausgangspunkt ihres Programms weniger den Schutz eines Rechtes, sondern die Wiederherstellung eines früheren Zustands, den sie als verloren sieht: *„Wir setzen uns mit ganzer Kraft dafür ein, unser Land im Geist von Freiheit und Demokratie grundlegend zu erneuern und eben diesen Prinzipien wieder Geltung zu verschaffen"* (AfD: 6).

Religionsgeschichtlich wird die Menschenwürde auf die *Gottesebenbildlichkeit* zurückgeführt. Nach dieser sei jeder Mensch nach dem Bilde Gottes geformt, was ihm innerhalb der Schöpfung zu einer einzigartigen Existenz verhelfe[5] (vgl. Kreß 2012: 137ff.). Ein Angriff auf einen Einzelnen würde damit einem Angriff auf Gott selbst gleichkommen.

CDU und **CSU** nehmen in ihren Grundsatzprogrammen explizit Bezug auf die Gottesebenbildlichkeit des Menschen, woraus sie die Würde des Menschen ableiten: *„Für uns ist der Mensch von Gott nach seinem Bilde geschaffen. Aus dem christlichen Bild vom Menschen folgt, dass wir uns zu seiner unantastbaren Würde bekennen"* (CDU: 5). *„Unser Maßstab ist das christliche Menschenbild. Für uns ist der Mensch Person, individuelle und soziale Existenz. [...] Sein Personsein begründet eine unveräußerliche Würde"* (CSU: 16).

Kreß betonte hierbei die Wichtigkeit, dieses Konzept vor allem für den Menschen und nicht inflationär zu gebrauchen (vgl. Kreß 2012: 158ff.). „Würde" werde oft auch für die unbelebte Natur, die Tierwelt oder im Kontext trivialer Umstände gebraucht und sei so in Gefahr, als Konzept verwässert zu werden. Wichtig sei aber gerade, dass mit ihr der Mensch als einzigartige Existenz auf der Welt geschützt werde.

---

[5] Basierend auf der Passage in Genesis 1, 27.: „Gott schuf also den Menschen als sein Abbild; als Abbild Gottes schuf er ihn."

Bei der **CDU** und **CSU** wird die Menschenwürde so auf ungeborenes und sterbendes Leben ausgeweitet: *„Wir stehen zum Schutz des Lebens auch in Grenzsituationen [...] Jede Form der organisierten und geschäftsmäßigen Sterbehilfe lehnen wir ab. Sie ist unvereinbar mit der Würde der Person"* (CSU:16). Von mehreren Parteien werden in diesem Zusammenhang die Entwicklungen der Gentechnik genannt. Die Veränderung des menschlichen Erbguts sei als Verletzung der Menschenwürde abzulehnen: *„Nicht jede Erfindung dient dem Fortschritt. Darum prüfen wir sie darauf, ob sie der freien Entfaltung, der Würde, der Sicherheit und dem Miteinander der Menschen nutzt. Dies gilt auch für die Bio- und Gentechnologie und die neuen Möglichkeiten der Medizin. [...] Am Verbot des gezielten genetischen Eingriffs in die menschliche Keimbahn halten wir fest"* (SPD: 48).

Problematisiert werden kann bei fast allen Parten, dass der Schutz der Menschenwürde oft von dem Erreichen anderer Ziele abhängig gemacht wird, was zur Verwässerung des Begriffs führen kann. Notwendig seien für sie zum Beispiel der Schutz der Umwelt, gute Pflege, Familie, Soziale Marktwirtschaft, Mitbestimmung von Arbeitnehmern, der Sozialstaat, das Recht, Fairness im Erwerbsleben, Selbstbestimmung, Frieden, Leben nach der sexuellen Orientierung, Wohnen, humaner Strafvollzug und noch vieles weiteres.

In extremen Fällen sei der der Schutz der Würde nur unter der Etablierung einer neuen Gesellschaftsordnung möglich, im *„demokratischen Sozialismus"* (Linke: 8) oder in einem *„Nationalstaat des deutschen Volkes"* (AfD: 6).

Essentiell für die Menschenwürde ist, dass sie a) für alle Menschen gleich und b) ohne weitere Voraussetzungen gilt (vgl. ebd. 149). Interessant ist hier eine der Funktionen, die dieses Grundrecht (zusammen mit den anderen) erfüllen soll: „nämlich einmal einen Schutzraum vor dem Zugriff des in den staatlichen Institutionen geformten politischen Willens der zur Herrschaft beauftragten zu schaffen sowie desweiteren die mit den Rechten verbundenen Rechtsgüter unter staatlichen Schutz zu stellen" (Stein 2007: 119). Dies komme vor allem jenen zu Gute, die sich aus verschiedenen Gründen nicht selbst am politischen Prozess beteiligen können: Den Schwachen und Marginalisierten. Lesen lässt sich dies „als Widerhall auf das biblische Ethos [...], nach welchem die Schwachen in der Gesellschaft [...] durch besondere Regelungen unter Schutz gestellt werden und ihnen Fürsorge angedeiht wird" (ebd.: 120).

Der Schutz der Menschenwürde wird in den Parteiprogrammen generell allen Menschen zugesprochen. Fast immer werden aber im Anschluss Gruppen genannt, die den Schutz besonders nötig hätten. Eine allgemeine Gleichbehandlung wird damit abgelehnt: *„Die Würde des Menschen ist unabhängig von seiner Leistung und seiner wirtschaftlichen Nützlichkeit. Darum ist die Gesellschaft bei Behinderung, im Alter, am Lebensanfang und am*

Lebensende zum Schutz der Menschenwürde besonders verpflichtet" (SPD: 14). *„Wir Menschen sind einander gleich in unserer Würde, in unseren Grund- und Menschenrechten. Aber vollkommene Gleichheit gibt es nicht. Unterschiede sind Teil der menschlichen Natur und Ausdruck einer vielfältigen Gesellschaft"* (CSU: 18).

Keine Partei spricht sich gegen den Schutz marginalisierter Bevölkerungsgruppen aus. Die Gruppen, deren Schutz gefordert werden, variieren jedoch stark nach Partei. Es würde den Rahmen dieser Arbeit sprengen, für jede Partei zu untersuchen, welche Gruppen besonders schützenswert sind. Es ist im Wesen der Organisationsform selbst angelegt, sich für bestimmte Problematiken oder Gruppen besonders einzusetzen, Partei zu ergreifen.

5.2 Religionsfreiheit

Die Freiheit des Glaubens, des Gewissens und die Freiheit des religiösen und weltanschaulichen Bekenntnisses sind unverletzlich. [Art. 4 I GG]

Das Grundrecht, jeden möglichen Glauben zu haben scheint zunächst dem christlichen Auftrag zuwiderzulaufen, seine Wahrheit in die Welt hinauszutragen. Lange waren es ausschließlich Formen des Christentums, die als Grundlage der politischen und sozialen Werte galten.

CDU und **CSU** tragen das Christliche im Namen und verweisen in ihren Programmen explizit auf die christlichen Wurzeln ihrer Werte: *„Das christliche Verständnis vom Menschen gibt uns die ethische Grundlage für verantwortliche Politik"* (CDU: 4). *„Unser Staat beruht auf Werten, die er selbst nicht schaffen kann. Wir bekennen uns zu den christlichen Wurzeln unserer Gesellschaftsordnung mit ihren geistigen und kulturellen Einflüssen aus der Antike und dem römischen Recht, dem Judentum, dem Humanismus, der Aufklärung, der katholischen Soziallehre und evangelischen Sozialethik. Dafür steht das „C" in unserem Namen."* (CSU: 6)

Bei den anderen Parteien wird bei weitem nicht so häufig auf das Christentum eingegangen. Es wird hier als einen von mehreren Einflüssen genannt, welche die Entstehung der deutschen Kultur geprägt haben: *„Sie [die SPD] verstehen sich [...] als linke Volkspartei, die ihre Wurzeln in Judentum und Christentum, Humanismus und Aufklärung, marxistischer Gesellschaftsanalyse und den Erfahrungen der Arbeiterbewegung hat"* (SPD: 13). *„Heute engagieren sich in der Linken [Menschen] für gemeinsame Ziele und Werte, die in den großen Religionen genauso ihre Wurzeln haben wie in den Ideen der Aufklärung und des Humanismus"* (Linke: 74).

Im Katholizismus wird dieses Recht aber seit dem 2. Vatikanischen Konzil 1965 zugebilligt, mit der Begründung, die Kirche an die moderne Welt anzupassen (vgl. Böckenförde 2015: 20, Kreß 2012: 143). Kreß merkte hier kritisch an, dass dies erst zu einem Zeitpunkt geschah, an dem die Kirche bereits von der Realität überholt worden war und dieses Grundrecht sich fest in Europa etabliert hatte. Ihr wäre kaum eine Wahl geblieben, dieses anzuerkennen. Der Impuls zur Etablierung dieses Grundrechts sei dabei im Wesentlichen von staatlicher Seite gekommen (vgl. Kreß 2012: 176). Das christliche Erbe ist also hier in einem Grundrecht zu sehen, das sich gegen den Wahrheitsanspruch einer einzelnen Weltanschauung richtet und einen Raum schafft, in dem verschiedene Ansichten gedeihen können.

„Wir bekennen uns zur Eigenständigkeit und Unabhängigkeit der christlichen Kirchen und der anerkannten Religionsgemeinschaften. [...] Wir anerkennen ihre vorbildlichen Leistungen im praktischen Dienst am Nächsten. Die Freiheit der Kirchen und Religionsgemeinschaften, in die Gesellschaft hinein zu wirken, muss unantastbar bleiben" (CDU:88). Neben dem Recht, jeden Glauben haben zu können, gehen einige Parteien auch auf das Recht ein, keinen Glauben zu haben: *„Zur Selbstbestimmung gehört die Anerkennung und der Schutz kultureller Vielfalt einschließlich religiöser Vielfalt sowie der Freiheit, keine Religion zu haben"* (Grüne: 16).

Mit der Religionsfreiheit ist nicht nur ein bloßes Tolerieren gemeint, der Staat hat durchaus Möglichkeiten, Religion zu fördern. In einer „zugwandten Kooperation" kann er ihr besondere Räume einrichten, etwa im Bildungs- und Gesundheitssektor, von denen aus sie arbeiten kann (vgl. Voßkuhle 2016: 34ff.).

Es gibt verschiedene Ansichten darüber, ob Religionen neben einem bloßen Dulden auch eine zusätzliche Unterstützung benötigen. Viele der untersuchten Parteien sehen das Christentum als Teil des Erbes an und schreiben ihm positive Eigenschaften zu, daher sei mit diesem auch eine Zusammenarbeit notwendig: *„Für uns ist das Wirken der Kirchen, der Religions- und Weltanschauungsgemeinschaften durch nichts zu ersetzen, insbesondere wo sie zur Verantwortung für die Mitmenschen und das Gemeinwohl ermutigen und Tugenden und Werte vermitteln, von denen die Demokratie lebt. Wir suchen das Gespräch mit ihnen und, wo wir gemeinsame Aufgaben sehen, die Zusammenarbeit in freier Partnerschaft."* (SPD: 39). Die **FDP** oder **Die Linke** würden hingegen ein distanzierteres Zusammenleben bevorzugen (vgl. FDP: 70, Linke: 73).

Diese Förderung wird aber nur solange als sinnvoll erachtet, solange die Ansichten und Handlungen einer Glaubensgemeinschaft nicht andere Grundrechte gefährden oder diskriminierend gegenüber anderen Glaubensformen auftreten (vgl. ebd.: 36).

Während so die Religion als solche befürwortet wird, wird sich gegen ihre extremistischen Formen klar ausgesprochen: *„Für religiös begründeten Extremismus ist in unserem Land kein Platz. Menschenrechte lassen sich auch durch Berufung auf religiöse Regeln oder Traditionen nicht außer Kraft setzen, hier liegt die Grenze unserer Toleranz gegenüber anderen Kulturen"* (SPD: 36). *„Voraussetzung für eine Zusammenarbeit mit öffentlichen Stellen sind die uneingeschränkte Anerkennung der verfassungsmäßigen Ordnung des Grundgesetzes und die Unabhängigkeit von autokratischen Regimen. Die Wahrung der grundrechtlichen Normen und Werte kann durch keine Religion relativiert werden, auch nicht bei Fragen der Geschlechtergerechtigkeit und LSBTIQ*"* (Grüne: 54).

Unterschiedlich ist hier der Umgang der Parteien mit dem Islam. Die **Grünen** betonen so seine Rolle als drittgrößte Konfession im Lande und stellen fest, dass er dort einen festen Platz habe. Klar abgegrenzt wird davon der Islamismus. Die **CDU** geht auf ihn nur im Kontext seiner extremen Form ein. Die **AfD** schließlich macht zwischen beiden gar keinen Unterschied und stellt pauschal fest: *„Der Islam gehört nicht zu Deutschland"* (AfD: 49).

6 Schluss

Die Bedeutung der Religion bleibt ungebrochen. Auch wenn ihre organisierte Form in Deutschland abgenommen hat, ist ihr Einfluss in der politischen Sphäre weiterhin zu sehen. In der Entstehung der Grundrechte lassen sich ihre geschichtlichen Spuren sehen, aber auch aktuell in ihren Programmen bleibt die Religion eine Größe, mit der sich die Parteien in der Bundesrepublik auseinandersetzen. Während hier nur an der Oberfläche des Materials gekratzt wurde, lassen sich doch einige Erkenntnisse festhalten:

1. Viele Parteien sehen das Christentum als zentrale oder zumindest wichtige Quelle des Wertesystems der Bundesrepublik.
2. Welche Nähe die Politik zu der Religion einnehmen möchte, ist ein Produkt ständiger Aushandlungsprozesse.
3. Es lassen sich Einflüsse des Christentums auf den Schutz der Menschenwürde und die Religionsfreiheit feststellen. Hier nicht behandelt wurde die Frage, ob diese auch die Entstehung weiterer Grundrechte wie z.B. der Wissenschaftsfreiheit beeinflusste.
4. Religion kann in ihrer extremen Form problematisiert werden. Weiter zu betrachten wäre hier, welche Konflikte bei der Ausübung der Religionsfreiheit mit anderen Grundrechten entstehen können.

Anhang

Untersuchte Parteiprogramme

Partei	Parteiprogramm	Fassung
CDU	Freiheit und Sicherheit. Grundsätze für Deutschland.	20.12.2023
CSU	Für ein neues Miteinander Das Grundsatzprogramm der CSU	11.12.2023
SPD	Hamburger Programm Grundsatzprogramm der Sozialdemokratischen Partei Deutschlands	26.06.2024
Die Grünen	„zu achten und zu schützen – Veränderung schafft Halt"	26.11.2023
FDP	Verantwortung für die Freiheit. Karlsruher Freiheitsthesen der FDP für eine offene Bürgergesellschaft.	17.11.2023
Die Linke	Programm der Partei Die Linke	19.11.2024
AfD	PROGRAMM FÜR DEUTSCHLAND. Das Grundsatzprogramm der Alternative für Deutschland.	13.09.2024
BSW*	Bündnis Sarah Wagenknecht – Vernunft und Gerechtigkeit Parteiprogramm	13.06.2024

*nicht in der Arbeit verwendet

Begriffssuchen

Partei	Suchbegriffe			
	Religion, religiös	*Christen, christlich, Christentum*	*Würde, Menschenwürde*	*Schwache, schwach*
CDU	18x	47x	29x	19x
CSU	14x	-*	19x	11x
SPD	17x	5x	22x	6x
Die Grünen	25x	3x	42x	0x
FDP	15x	1x	16x	5x
Die Linke	22x	2x	19x	5x
AfD	17x	4x	2x	0x

*nicht durchführbar, da der Begriff im Namen der Partei vorkommt

Partei	Suchbegriffe			
	Armut	*Gerechtigkeit*	*Inklusion, inklusiv*	*Solidarität, solidarisch*
CDU	13x	30x	0x	57x
CSU	3x	3x	4x	32x
SPD	15x	26x	0x	50x
Die Grünen	18x	48x	10x	43x
FDP	6x	6x	1x	12x
Die Linke	23x	20x	6x	69x
AfD	4x	1x	4x	0x

Literaturverzeichnis

The ARDA (2024): National/Regional Profiles. Zu finden unter https://www.thearda.com/world-religion/national-profiles, letzter Abruf am 06.01.2025.

Bizeul, Yves (2009): Glaube und Politik. Wiesbaden: VS Verl. für Sozialwiss.

Böckenförde, Ernst-Wolfgang (2015): Der säkularisierte Staat. Sein Charakter, seine Rechtfertigung und seine Probleme im 21. Jahrhundert. München: Carl Friedrich von Siemens Stiftung.

Bundeszentrale für politische Bildung (BPB): Grundrechte. Zu finden unter https://www.bpb.de/kurz-knapp/lexika/politiklexikon/17585/grundrechte/, letzter Abruf am 04.01.2025.

Die Bundeswalleiterin (2024): Parteiunterlagen zum Download. Zu finden unter https://www.bundeswahlleiterin.de/parteien/unterlagensammlung/downloads.html, letzter Abruf am 28.11.2024.

Humanistischer Pressedienst (2024): In Deutschland gibt es ebenso viele Konfessionsfreie wie Katholiken und Protestanten. Zu finden unter https://hpd.de/artikel/n-deutschland-gibt-es-ebenso-viele-konfessionsfreie-katholiken-und-protestanten-22435, letzter Abruf am 06.01.2025.

Kingreen, Thorsten; Poscher, Ralf (2023): Grundrechte Staatsrecht II. 39., neu bearbeitete Auflage. Heidelberg: C.F. Müller.

Knoblauch, Hubert (1999): Religionssoziologie. Tübingen: De Gruyter (Sammlung Göschen).

Köck, Michael F. (2024): Himmlische Vorstellung. Zur ästhetischen Maschinerie der Religion. Paderborn: Brill Fink.

Kreß, Hartmut (2012): Ethik der Rechtsordnung. Staat, Grundrechte und Religionen im Licht der Rechtsethik. Stuttgart: Kohlhammer.

Mosebach, Martin (2022): Eine uralte Institution in der Nachkriegsdemokratie. In: Georg M. Oswald (Hg.): Das Grundgesetz. Ein literarischer Kommentar. München: C.H. Beck, S. 66–78.

Radbruch, Gustav (2003): Rechtsphilosophie. Studienausgabe. 2., überarb. Aufl. Heidelberg: C.F. Müller.

REMID (2024): Religionen & Weltanschauungsgemeinschaften in Deutschland: Mitgliederzahlen. Zu finden unter https://remid.de/info_zahlen/, letzter Abruf am 04.01.2025.

Stein, Tine (2007): Himmlische Quellen und irdisches Recht. Religiöse Voraussetzungen des freiheitlichen Verfassungsstaates. Frankfurt/Main: Campus Verlag.

Voßkuhle, Andreas (2016): Die Verfassung der Mitte. München: Carl Friedrich von Siemens Stiftung.

Glauben, Demokratie und Recht

Der Einfluss von Kirchen und Religionsgemeinschaften auf die Bundesgesetzgebung

Britta Möhring

a. Einleitung

„Wenn ich nicht daran glauben kann, dass andere nach denselben Grundsätzen handeln wie ich, dann ist die Welt dem Untergang geweiht." Was erst als unwichtiger Satz in einer Theologie-Vorlesung erscheint, bekommt eine tiefgreifende Bedeutung bei genauerer Betrachtung. Denn ist es wirklich so selbstverständlich, dass wir alle nach den gleichen Grundsätzen leben?

Das Grundgesetz schreibt uns vor, nach welchen Regeln wir uns zu verhalten haben. Ebenso halten sich Gläubige an die Zehn Gebote. Jedoch unterscheidet sich jede Bibel von Übersetzung zu Übersetzung. Wie ist also gegeben, dass alle Christen nach den gleichen Grundsätzen handeln? Und können wir uns überhaupt darauf verlassen, dass alle Gläubigen die gleichen Werte vertreten, wenn der Koran und die Bibel sich in vielen Punkten unterscheiden?

In welchen Punkten überschneiden sich die Werte von Glaubensbüchern und wann müssen Gläubige aufgrund des Grundgesetzes vielleicht sogar Kompromisse mit ihrem Glauben eingehen?

b. Religion

aa. Christentum

Das Christentum gilt als größte Weltreligion (Statistik (Q 1)) und zählt auch in Deutschland die meisten Anhänger (Statistik (Q 2)). Seinen Ursprung findet das Christentum im Judentum. Die Religion zeichnet sich vor allem durch den Glauben an einen Gott und das Bekenntnis zu Jesus Christus – auch bekannt als Jesus von Nazareth – aus. Nach dem Tod des eben genannten Jesus Christus breitet sich das Christentum im gesamten Römischen Reich aus.

Durch die Reformation bilden sich zwei Glaubensrichtungen – die katholische Glaubensgemeinschaft und die protestantische (evangelische) Glaubensgemeinschaft (bpb1). Aus einer Glaubenseinheit wurde also eine Glaubenszweiheit. Eine Glaubensfreiheit besteht dadurch jedoch noch nicht. Alle, die einer anderen Glaubensgemeinschaft angehörten, mussten in Privatkirchen oder in einer Hausandacht ihrem Glauben nachgehen (Czermak, Hilgendorf S. 2).

Obwohl die Christen heutzutage einen Großteil der Weltbevölkerung ausmachen, war dies nicht immer so. Den römischen Besatzern war die neu etablierte Religion ein Dorn im Auge. Sie übten andere Traditionen aus als diejenigen, die den römischen Kaiser als ihren Gott ansahen, zogen sich für Andachten in ihre Häuser zurück und übten Opfergaben nicht unter freiem Himmel aus. Die Christen wurden von nun an als lichtscheue Sekte angesehen und machten sich schließlich des Hochverrats schuldig. Die Römer fürchteten um ihre Macht und sorgten deshalb dafür, dass Jesus als Gründer dieser Religion sein Leben ließ. Doch auch nach seinem Tod wurden die Christen weiter verfolgt. Sie waren gezwungen sich zu verstecken und ihre Gottesdienste in Privaträumen zu veranstalten. Erst im Jahr 313 endete die Verfolgung der Christen durch einen Toleranzedikt des Kaisers Konstantin. Im Jahr 380 wurde der christliche Glaube schlussendlich Staatsreligion (Planet Wissen).

bb. Zehn Gebote

Die Zehn Gebote leiten sich ab aus 2. Mose 20, speziell aus den Versen 1 bis 21. Sie bilden sozusagen das Gesetz, den Moralkodex der Christen. Gottes Worte in Form der zehn Gebote sind:

1. Du sollst keine anderen Götter haben neben mir. (2. Moses 20,3 Lutherbibel 2017)
2. Du sollst den Namen des HERRN, deines Gottes, nicht missbrauchen. (2. Moses 20,7 Lutherbibel 2017)
3. Gedenke des Sabbattages, dass du ihn heiligst. (2. Moses 20,8 Lutherbibel 2017)
4. Du sollst deinen Vater und deine Mutter ehren. (2. Moses 20,12 Lutherbibel 2017)
5. Du sollst nicht töten. (2. Moses 20,13 Lutherbibel 2017)
6. Du sollst nicht ehebrechen. (2. Moses 20,14 Lutherbibel 2017)
7. Du sollst nicht stehlen. (2. Moses 20,15 Lutherbibel 2017)

8. Du sollst nicht falsch Zeugnis reden wider deinen Nächsten. (2. Moses 20,16 Lutherbibel 2017)

9. Du sollst nicht begehren deines Nächsten Haus. (2. Moses 20,17 Lutherbibel 2017)

10. Du sollst nicht begehren deines Nächsten Frau, Knecht, Magd, Rind, Esel noch alles, was dein Nächster hat. (2. Moses 20,17 Lutherbibel 2017)

Laut biblischen Erzählungen wurden Moses die Zehn Gebote von Gott persönlich auf zwei Steintafeln überreicht. Wie die anderen jüdischen Gesetze stehen diese in der Thora – den fünf Büchern Moses – geschrieben. Ihre heutige Bedeutung erhielten die Zehn Gebote durch Luthers Reformation. In diesen Geboten fasste er die Lehre des christlichen Glaubens zusammen und verlieh ihnen den Stellenwert als Hauptstücke des Glaubens. Aus diesem Grund lernen auch heute noch viele Konfirmanden und Konfirmandinnen die Zehn Gebote auswendig (ekkw).

c. Wie wirkt sich die Religion auf das Grundgesetz aus?

aa. Gibt es Gemeinsamkeiten in den Regeln des Grundgesetzes und den 10 Geboten?

Das am 8. Mai 1949 vom Parlamentarischen Rat beschlossene Grundgesetz wurde am 23. Mai 1949 in Bonn am Rhein vom Parlamentarischen Rat mit einer Zweidrittelmehrheit als angenommen erklärt.

Seither gelten in Deutschland Rechte wie beispielsweise das Recht auf Leben aus Artikel (Art.) 2 Absatz (Abs.) 2 Grundgesetz (GG). Dieses Recht lässt sich mit dem 5. Gebot „Du sollst nicht töten." (2. Moses 20,13 Lutherbibel 2017) vergleichen.

Ebenfalls Art. 3 ist mit der Bibel zu vergleichen. So steht beispielsweise in Römer 2,11 der Lutherbibel 2017 geschrieben: „Denn es ist kein Ansehen der Person vor Gott." Grob übersetzt bedeutet dies, dass Gott keinen Unterschied zwischen den Menschen macht, die vor ihm stehen. Für ihn sind alle gleich, er kümmert sich nicht um Geschlecht, Hautfarbe, Herkunft oder sonstige Merkmale einer Person. Im Grundgesetz ist dies zwar ausdrücklich auch so genannt – s. Art. 3 Abs. 1 GG „Alle Menschen sind vor Gesetz gleich" – jedoch gibt es ebenfalls die sogenannten „Deutschgrundrechte". In diesen werden spezifisch nur Deutsche genannt – vgl. Art. 8 Abs. 1 „Alle Deutschen [...]" oder Art. 12 Abs. 1 Satz 1. Hier werden erst über Art. 18 des Vertrags über die Arbeitsweise der Europäischen Union (AEUV) auch andere EU-Bürger miteinbezogen. Während in der Bibel keine solche Ausnahme gemacht wird, widersprich sich das Grundgesetz an der Stelle möglicherweise selber. Schlussendlich können sich jedoch nur Deutsche und EU-Bürger auf diese Deutschengrundrechte berufen, dies schließt jedoch nicht zwingend aus, dass Nicht-EU-Bürger deshalb vor Gericht anders behandelt werden.

Das 3. Gebot findet sich ebenfalls im Grundgesetz wieder. So steht in Art. 140 GG, dass weiterhin die Art. 136, 137, 138, 139 und 141 der deutschen Verfassung vom 11. August 1919 gelten. In Art. 139 eben dieser Verfassung steht geschrieben, dass Sonntage und staatlich anerkannte Feiertage als „Tage der Arbeitsruhe und der seelischen Erhebung" weiterhin bestehen und als staatlich geschützt gelten.

Ebenso werden Gebot 4 und 6 im Grundgesetz aufgegriffen. So besagt Art. 6 Abs. 1 GG, dass Familie und Ehe unter besonderem Schutz der staatlichen Ordnung stehen. Im Gegensatz zum 4. Gebot „Du sollst deinen Vater und deine Mutter ehren." wird das 6. Gebot nicht direkt von Art. 6 GG geschützt, da hier lediglich die Ehrung von Ehe geschrieben steht. Art. 6 GG setzt keine Treue voraus, es geht lediglich um die institutionelle Ehe. Hier kann jedoch damit argumentiert werden, dass die Ehrung der Ehe die Treue gegenüber dem Partner voraussetzt.

Art. 14 GG spricht das Eigentum einer Person an. Eigentum lässt sich in den 10 Geboten im 7. Gebot „Du sollst nicht stehlen." wiederfinden. Zwar ist Diebstahl und der in Art. 14 genannte Eigentumsschutz vom Wortlaut her nicht gleich, bedeutet jedoch ungefähr dasselbe. In beiden Fällen, sowohl im Grundgesetz, als auch in der Bibel ist gemeint, dass man sich nicht am Eigentum anderer vergreifen soll.

Auch das 8. Gebot ist sinngemäß im Grundgesetz wiederzufinden. In Art. 1 Abs. 1 GG wird die Würde des Menschen als unantastbar deklariert. Diese kann auch über das Verbreiten von falschen Informationen und durch falsches Zeugnis verletzt werden.

Das Grundgesetz greift also einige der 10 Gebote auch auf. Jedoch ist das Grundgesetz auf universellen Menschenrechten basiert und legt den Fokus auf die Freiheit und Gleichheit aller Menschen. Die 10 Gebote sind im Gegensatz spezifisch religiös geprägt. Sie resultieren aus der Beziehung zu Gott und den Mitmenschen.

bb. Wie viel wäre vom Grundgesetz noch übrig, wenn die Religion gar keinen Einfluss auf die Gesetzgebung hätte?

Beruhend auf der Erkenntnis, dass das Grundgesetz einer anderen, weitaus weniger religiöses und eher sachlichen Basis unterliegt als die 10 Gebote, lässt sich pauschal also schwer sagen. Sowohl das Grundgesetz als auch die 10 Gebote wurden auf fundamentalen Prinzipien der Menschlichkeit und des Zusammenlebens gebildet. Dass sie sich in einigen Punkten überschneiden ist also keine Überraschung. Zudem ist die Bibel deutlich älter als das Grundgesetz und auch wenn die Bibel weniger rechtlich und mehr religiös-ethisch geprägt ist, lässt sich nicht ausschließen, dass die 10 Gebote bei Erstellung des Grundgesetzes eine Rolle gespielt haben. Andernfalls besteht auch die Möglichkeit, dass das Grundgesetz schlichtweg auf allen nötigen Regeln aufgebaut wurde, die ein friedliches Zusammenleben garantieren und schützen sollen.

Angenommen alle Artikel des Grundgesetzes, die sich mit den 10 Geboten überschneiden, würden aus der Verfassung gestrichen, so wären zwar einige sehr wichtige, unter anderem sogar die wichtigsten Regeln nicht mehr im Gesetz enthalten, andererseits betrifft es nur sechs Artikel des Grundgesetzes. Effektiv wäre also der Großteil unserer Gesetze noch erhalten, der Schutz des Lebens und der Schutz des Eigentums wären in einem solchen Fall jedoch nicht mehr gegeben.

Die 10 Gebote, ob nun beabsichtigt oder rein zufällig, haben also einen Einfluss – oder einfach nur eine Gemeinsamkeit – mit den Artikeln des Grundgesetzes, die die Basis für ein sicheres Leben bilden.

cc. Inwieweit widersprechen sich Religion und Grundgesetz?

In Art. 4 Abs. 1 GG wird die Glaubensfreiheit geschützt. Spezifiziert um welchen Glauben es sich hierbei handelt wird jedoch nicht. Im Gegensatz zum 1. Gebot „Du sollst keine anderen Götter haben neben mir." ist bei Art. 4 Abs. 1 GG egal um welchen Glauben, also auch um welchen Gott, es sich handelt. Es werden alle Religionen und Weltanschauungen gleichermaßen geschützt.

Wie ist es nun also, wenn die Religion einer Reanimation im Weg steht? Im Judentum galt als Tod, wer nicht mehr atmete oder wessen Herz nicht mehr schlug. Die Religionsfreiheit aus Art. 4 Abs. 1 schützt nun also diese Regel. Aber Art. 2 Abs. 2 GG garantiert das Recht auf Leben und körperliche Unversehrtheit. In diesem Fall steht sich das Grundgesetz also selber im Weg. In dem Fall wird mehr Wert auf das Leben, als auf die Religion gelegt, da eine Reanimation nur nach halachischer Beratung – also nach Absprache mit einem Rabbiner oder einer anderen halachischen Autorität – toleriert wird. Um diese einzuholen fehlt jedoch die Zeit, da eine Reanimation immer so schnell wie möglich geschehen sollte.

Art. 4 GG schützt nicht nur den christlichen Glauben, sondern auch den muslimischen Glauben. So sind also Bekleidungsvorschriften aus dem Koran geschützt, diese hindern die Gläubigen jedoch nicht an verpflichtenden Schulveranstaltungen wie zum Beispiel den Schwimmunterricht.

Es gibt Schwimmanzüge – sogenannte Burkinis – welche die Kleidungsvorschriften einhalten und dennoch nicht gegen Art. 7 Abs. 1 GG verstoßen.

Ebenfalls das Tragen von Kopftüchern wurde schwer diskutiert. Aus dem staatlichen Bereich sollte es komplett ferngehalten werden. So wurden unter anderem Lehrerinnen, die ihr Kopftuch tragen wollten, nicht eingestellt. Von Religionsfreiheit ist hier nicht sehr viel zu erkennen. Art. 2 Abs. 1 GG beschreibt die freie Entfaltung der Persönlichkeit. So kann das Tragen eines Kopftuchs Teil der persönlichen Entwicklung sein, was nun durch das Kopftuchverbot verletzt wäre. Zudem müssten dann christliche Kreuze auch aus dem staatlichen Kontext rausgehalten werden, wenn Kopftücher nicht getragen werden sollen. Jegliche religiösen Bräuche in staatlichem Kontext können sich auf die persönliche Entwicklung von jungen Menschen auswirken. Dies sowohl positiv als auch negativ. Das Tragen eines Kopftuchs kann zum einen von jungen muslimischen Mädchen als Mut Macher wirken, später selber ein Kopftuch zu tragen. Andere können sich jedoch davon gestört fühlen, da viele das Kopftuch als Unterordnung der Frau gegenüber ihrem Mann deuten (bpb2).

Da sich Art. 4 Abs. 1 GG eben nicht nur auf eine Religion und einen Gott bezieht, sollte auch jede Religion gleich behandelt werden. Art. 3 Abs. 1 GG sagt aus, dass jeder Mensch vor dem Gesetz gleich ist, also warum sollte es im Fall der freien Religionsausübung nun anders sein?

Das 2. Gebot schreibt vor, Gottes Namen nicht zu missbrauchen. In Art. 5 Abs. 1 GG wird jedoch die Meinungsfreiheit geschützt, welche auch die Kritik an der Religion umfasst. Darunter fallen ebenfalls satirische und provokative Äußerungen gegenüber Gott. Begrenzt wird diese Meinungsfreiheit gegenüber Gott jedoch von § 166 Strafgesetzbuch (StGB), welcher sich mit dem Schutz des öffentlichen Friedens befasst. Eine Meinung über und zu Gott zu haben wird also toleriert, solange es nicht beleidigend oder respektlos geschieht und in

Blasphemie mündet. 3. Moses 24, 16 besagt: „Wer des Herrn lästert, der soll des Todes sterben […]". Im StGB wird eine Gefährdung des öffentlichen Friedens nur mit Geldstrafe oder bis zu drei Jahre Freiheitsstrafe bestraft.

Das 3. Gebot ist nur teilweise widersprüchlich. Zwar sollen Sonn- und Feiertage nach Art. 140 GG eingehalten werden, jedoch bezieht sich der Artikel nur auf staatlich anerkannte Feiertage, beispielsweise den Tag der deutschen Einheit. Religiöse Feiertage gelten nicht als verpflichtend. So kann sich jedes Bundesland selber dazu entscheiden, ob ein religiöser Feiertag als Feiertag gilt oder nicht. Staatliche Feiertage sind im Gegensatz dazu in allen Bundesländern gleich.

Ebenfalls ist das 5. Gebot nicht ganz klar mit dem Grundgesetz vereinbar. Zwar garantiert Art. 2 Abs. 2 GG das Recht auf Leben, jedoch gab es früher noch die Todesstrafe (abgeschafft durch Art. 102 GG) und Notwehr wird vom Gesetz auch toleriert. Zudem kann jemand auch durch einen Autounfall getötet werden, in den seltensten Fällen handelt es sich in solch einem Fall um einen absichtlichen Mord. Auch im Fall von Krieg kommt es gezwungenermaßen zu Morden. Soldaten töten, um ihr Land und die dort lebenden Menschen zu beschützen.

d. Fazit

Wenn die Religion nun also wirklich Einfluss auf die Gesetzgebung hatte, wieso gibt es dann Gesetze, die die 10 Gebote entkräften? Sollten die 10 Gebote dann nicht unangreifbar genauso im Grundgesetz stehen? Wieso ist es möglich, das Gebot „Du sollst nicht töten." durch Notwehr, polizeiliche Maßnahmen und das Militär zu umgehen?

Schlussendlich lässt sich darüber streiten, ob das Grundgesetz unter Einfluss der 10 Gebote entstanden ist oder ob reiner Menschenverstand zu den Gesetzen geführt hat. Jeder Mensch, der über einen moralischen Kompass verfügt, handelt automatisch nach den Grundsätzen der 10 Gebote. Kann überhaupt ein Einfluss bestehen, wenn der Staat die Religion aus allen staatlichen Angelegenheiten so gut wie möglich rauszuhalten versucht? Wäre unsere heutige Politik und die Gesellschaft anders, wäre das Gesetz noch deutlich religiöser geprägt, wenn es nie eine Trennung von Staat und Kirche gegeben hätte? Gäbe es überhaupt die Religionsfreiheit, wenn Staat und Kirche nicht getrennt worden wären?

Durch die Religionsfreiheit wurde Deutschland ein offenes Land und dadurch kulturell bereichert. Wenn es nach den 10 Geboten gegangen wäre, wäre es nie so weit gekommen. Es gäbe lediglich das Christentum und allein die christlichen Bräuche würden das Land prägen. Durch den Einfluss der anderen (Welt-)Religionen wurde die Bundesrepublik vielfältig. Der Zugang zur Welt wurde geöffnet und die Religionen können seither voneinander profitieren. Möglicherweise wäre sogar das Reisen in andere Länder nicht in dem heutigen Ausmaß möglich, gäbe es die Religionsfreiheit nicht.

Zudem ist eine einzige Quelle nie ausreichend, um sich ein ausgereiftes Bild einer Sache zu machen. Beispielsweise wird keine Hausarbeit, kein Sachbuch und keine Nachrichtensendung mit nur einer einzigen Quelle geschrieben. Das Grundgesetz wurde von mehreren Personen beschlossen, während die 10 Gebote von einer Person stammen. Sie wurden Moses auf einer Steintafel überliefert. Heutzutage würde dies nicht als ausreichende Quelle angenommen werden und erst Recht wäre das Grundgesetz nie angenommen worden, wäre es auf eine solche Weise überliefert worden. Wieso halten die Menschen also an etwas fest, was sich nicht hundertprozentig belegen lässt und was keine genügende Grundlage besitzt. Wieso reicht es in einer Seminararbeit nicht aus, das geschriebene auf einer einzigen wissenschaftlichen Quelle zu basieren, aber eine bloße Steintafel, die einem Mann auf einem Berg übergeben wurde, schafft es, als Gesetz für unzählige Menschen das Leben zu regeln?

Zudem sind laut Bibel alle Menschen vor Gott gleich, dennoch schaffen nur gläubige Christen den Weg in den Himmel. Während vor dem Gesetz kein Wert darauf gelegt wird, ob jemand gläubig, ungläubig, heterosexuell, homosexuell oder transsexuell ist, stellt die Bibel klar, dass Jesus alle Sünden – darunter zählen unter anderem Homosexualität und das Nicht-Glauben an Gott – vergeben wird, wenn wir uns ihm hingeben. Nur so wird der Weg in den Himmel eröffnet. Werden wir also dazu gezwungen, an Gott zu glauben? Zwingt uns das Grundgesetz auch durch solche versprechen, an es zu glauben?

Schlussendlich hat niemand die Wahl, ob er sich an das Grundgesetz halten möchte oder nicht. Wer dagegen verstößt wird entsprechend bestraft. Es wird also nicht durch ein Leben nach dem Tod dazu „gezwungen" die Gesetze einzuhalten, sondern durch eine Bestrafung. Auch soll ein Verstoß gegen das Gesetz nicht primär den einzelnen bestrafen, sondern dafür sorgen, dass die Allgemeinheit und die öffentliche Sicherheit geschützt bleiben.

Gefährdet wird jedoch niemand, sowohl durch Grundgesetz, als auch durch die 10 Gebote nicht. Ziel war in beiden Fällen, das Zusammenleben zu regeln und für eine Gemeinschaft zu sorgen.

Vielleicht hat der Gedanke, welcher hinter den 10 Geboten steht ja sogar die Grundlage für das Grundgesetz gegeben. Wie es auch gewesen sein mag, geschadet hat es definitiv nicht, wenn das Grundgesetz auf Grundlage der 10 Gebote aufgebaut wurde.

Obgleich es nun um das Grundgesetz oder die 10 Gebote aus der Bibel geht, eines lässt sich über beide Schriften sagen: „Wenn ich nicht daran glauben kann, dass andere nach denselben Grundsätzen handeln wie ich, dann ist die Welt dem Untergang geweiht."

Buchquellen

Czermak, Gerhard und Hilgendorf, Eric; Religions- und Weltanschauungsrecht; 2. Auflage; ISBN 978-3-662-56078-5 (eBook)

Dürig, Carolin Elisabeth; Die negative Religionsfreiheit und christlich geprägte Gehalte des Landesverfassungsrechts; 1. Auflage 2018; ISBN 978-3-8452-9339-4 (ePDF)

Lutherbibel 2017

VSV Baden-Württemberg Grundgesetz; Stand 191. Ergänzungslieferung, Oktober 2024

Internetquellen

https://www.bpb.de/kurz-knapp/lexika/das-junge-politik-lexikon/320035/christentum/ (bpb1); letzter Zugriff: 29.12.2024

https://www.planet-wissen.de/kultur/religion/das_christentum/index.html#Christen_werden_verfolgt (Planet Wissen); letzter Zugriff: 29.12.2024

https://www.ekkw.de/glaube/gebete-und-gebote/die-10-gebote (ekkw); letzter Zugriff: 29.12.2024

https://www.bundestag.de/gg (bundestag); letzter Zugriff: 29.12.2024

https://www.bpb.de/shop/zeitschriften/izpb/grundrechte-305/254386/glaubens-gewissens-und-bekenntnisfreiheit/ (bpb2); letzter Zugriff: 09.01.2025

Sonstige Quellen

https://diercke.de/sites/default/files/styles/1000breit/public/karten_978_3_14_100380_2/X030 3_1a_deutsch_HW_WG-1_Web_0.jpg?itok=Ff_haBhL (Q 1, 2023)

https://i.ytimg.com/vi/cLyFkRk3bkY/maxresdefault.jpg (Q 2, 2020)

Die Grenzen der Religion gegenüber dem demokratischen Rechtsstaat – Vergleich mit der laizistischen Politik Frankreichs

Emil Pankratz

I. Überblick der Rolle der Religion innerhalb des deutschen Staates

a. Vom Mittelalter bis zur Moderne

Die Verbindung zwischen Kirche und Staat hat in Deutschland als auch Frankreich eine lange Geschichte. Schon während des Mittelalters war die katholische Kirche eine der einflussreichsten Institutionen und beeinflusste maßgeblich das politische und gesellschaftliche Zusammenleben. Die Reformation unter Martin Luther leitete bereits eine erste Trennung zwischen Kirche, Staat sowie Gesellschaft ein[1]. Einen Wendepunkt in der deutschen, aber auch europäischen Geschichte leitete der Dreißigjährige Krieg ein[2]. Auch wenn der Dreißigjährige Krieg nicht als reiner Glaubenskrieg zu bezeichnen ist, hat dieser Einfluss auf die heutige Religionsgemeinschaft in Deutschland. Mittlerweile gibt es in Deutschland fast so viele Angehörige sonstigen, christlichen Glaubens im Vergleich zu Mitgliedern der römisch-katholischen Konfession. Mit der Säkularisation im 19. Jahrhundert (vor allem 1803) wurden beispielsweise kirchliche Güter verstaatlicht, was den Grundstein für eine Trennung von Staat und Kirche legte. Mit der Säkularisation sind grundsätzlich Staat und Kirche voneinander getrennt und der Staat als solcher vertritt keine Religion[3].

Trotz dieser Trennung blieb die Kirche bis ins 20. Jahrhundert ein wichtiger Akteur in der Gesellschaft. Ein Konflikt zwischen Kirche und Staat entstand im Zuge des sogenannten „Kulturkampfes" des Reichskanzlers Otto von Bismarck, welcher Gesetze erließ, die den Einfluss der Religion auf den Staat unterdrücken sollte[4]. Allerdings richtete sich diese Politik Bismarcks an die katholische Kirche, welche im Reichstag von der Zentrumspartei repräsentiert wurde. Bismarck sah in der Partei eine Gefahr für die nationale Einheit des

---

[1] https://www.bpb.de/shop/zeitschriften/apuz/kirche-2023/540883/kirchen-in-deutschland/ zuletzt abgerufen am 28.10.2024

[2] https://www.bpb.de/shop/zeitschriften/apuz/272824/der-dreissigjaehrige-krieg-ein-buergerkrieg-der-zugleich-einhegemonialkrieg-war/ zuletzt abgerufen am 28.10.2024

[3] Vgl. Böckenförde, Ernst-Wolfgang: Der säkularisierte Staat: Sein Charakter, seine Rechtfertigung und seine Probleme im 21. Jahrhundert, München, Deutschland: Mayr Miesbach GmbH, 2007, S. 2

[4] https://www.bpb.de/kurz-knapp/hintergrund-aktuell/209483/vor-135-jahren-das-ende-des-kulturkampfes/, zuletzt abgerufen am 28.10.2024

Kaiserreiches, da diese einen säkulären Staat ablehnte. Dies ist ein Beispiel für Grenzen, die seitens der Politik gegenüber der Religion in Deutschland gezogen wurde. Erst die Weimarer Verfassung (1919) etablierte die staatliche Neutralität, indem sie die Religionsfreiheit garantierte und die Staatskirche offiziell abschaffte (Art. 137 WRV). Dieser Grundsatz wurde ins Grundgesetz der Bundesrepublik Deutschland übernommen.

b. Relevanz der Kirche in der Moderne- Welchen Stellenwert hat die Religion innerhalb des deutschen Grundgesetzes?

Das Grundgesetz der Bundesrepublik Deutschland erkennt die Religionsfreiheit als eines der zentralen Grundrechte an (Art. 4 GG). Dieses Recht umfasst sowohl die positive als auch die negative Religionsfreiheit, also die Freiheit, einen Glauben zu praktizieren oder keinen Glauben zu haben. Aus staatsrechtlicher Sicht wird im sachlichen Schutzbereich zwischen Glaubensfreiheit (innerer Glaube) und Religionsausübungsfreiheit (Glaube nach außen) differenziert. Glaubensfreiheit bedeutet, dass Glaube eine Gewissheit über bestimmte Aussagen über das Weltganze und zur Herkunft menschlichen Lebens ist. Glaube nach außen bezeichnet die Freiheit das gesamte Verhalten nach dem Glauben auszurichten und in dieser Überzeugung zu handeln.

Die Trennung von Staat und Kirche wird nicht so strikt gehandhabt wie in Frankreich. Beispielsweise werden in Deutschland Kirchensteuern durch staatliche Behörden eingezogen, und religiöse Symbole wie das Kreuz finden sich häufig in öffentlichen Einrichtungen, insbesondere im katholisch geprägten Bayern. Dennoch wird die Neutralitätspflicht des Staates durch verschiedene Urteile des Bundesverfassungsgerichts immer wieder betont, wie etwa in der Kopftuchdebatte (BVerfG, Urteil vom 24. September 2003)[5].

II. Gesetzliche Grenzen der Religion innerhalb Frankreichs
a. Ursprünge des französischen Laizismus

Unter Laizismus versteht man grundsätzlich die Neutralität des Staates gegenüber allen Religionen, dabei wird aber stets die Glaubensfreiheit sowie das Prinzip der Gleichheit aller Bürger beachtet. Der Laizismus in Frankreich hat seine Wurzeln in der Französischen

---

[5] BVerfG, Urteil vom 24.09.2003, Az. 2 BvR 1436/02

Revolution (1789), die eine klare Trennung von Kirche und Staat anstrebte. Zu dieser Zeit stand die katholische Kirche symbolisch für die Unterdrückung der Bevölkerung durch die Monarchie. Dies hat seinen Ursprung in der Ständegesellschaft des sogenannten „Ancien Régime", bei dem Klerus (Geistlichkeit) und Adel die ersten beiden Stände stellten. Da diese Stände privilegiert waren und beispielsweise von Steuern befreit wurden, forderte der mehrheitliche dritte Stand Reformen hierzu[6]. So kommentiert Ernst-Wolfgang Böckenförde dazu, dass Frankreichs Handeln zur Religion ihren Einfluss des Philosophen Hobbes haben[7]. So sieht Hobbes die Religion nicht als Bestandteil des Staates, welcher eine souveräne Entscheidungseinheit bildet. Mit der Verabschiedung des Gesetzes zur Trennung von Kirche und Staat 1905 (Loi du 9 décembre 1905 concernant la séparation des Églises et de l'État) wurde die Grundlage für den modernen französischen Laizismus geschaffen. Dies geschah vor dem Hintergrund von Gesetzesentwürfen wie unter anderem die Abschaffung des Religionsunterrichts an allen staatlichen Hochschulen oder die Abschaffung der kirchlichen Sonntagsruhe. Mit der Kündigung des Konkordats 1905 wurde die Streichung der kirchlichen Finanzierung gestrichen und Religionsgemeinschaften nichtstaatlich organisiert[8]. Das Gesetz von 1905 betont zwei Hauptprinzipien: Erstens garantiert es die Freiheit der Religionsausübung, zweitens untersagt es jegliche Finanzierung von Religionsgemeinschaften durch den Staat. Dieser strikte Laizismus spiegelt sich bis heute in der staatlichen Neutralität wider, die nicht nur religiöse Symbole in öffentlichen Einrichtungen, sondern auch deren Einfluss auf politische Entscheidungen strikt untersagt.

b. Rechtliche Einordnung des Laizismus innerhalb der französischen Verfassung

Der Laizismus ist in Frankreich ein konstitutioneller Grundsatz, der in Artikel 1 der Verfassung von 1958 verankert ist: „La France est une République inivisible, laïque, démocratique et sociale"[9]. Der Begriff „laïque", was übersetzt Laie bedeutet betont, dass der Staat sich gegenüber Religionen absolut neutral verhält und keine religiöse Organisation bevorzugt oder finanziell unterstützt.

---

[6] https://www.bpb.de/shop/zeitschriften/apuz/272105/geschichte-und-gegenwart-von-laicite-und-hinkendertrennung/, zuletzt abgerufen am 10.11.2024
[7] Vgl. Böckenförde, 2009, S. 61
[8] Vgl. https://www.bpb.de/shop/zeitschriften/apuz/272105/geschichte-und-gegenwart-von-laicite-und-hinkendertrennung/, zuletzt abgerufen am 11.11.2024
[9]
https://www.conseilconstitutionnel.fr/sites/default/files/as/root/bank_mm/allemand/constitution_allemand_juillet2008.pdf, zuletzt abgerufen am 30.11.2024

Dieser Grundsatz geht auf die historischen Konflikte zwischen Kirche und Staat zurück, die besonders im 19. Jahrhundert in Frankreich prägend waren. Mit dem Gesetz von 1905 (siehe Abschnitt II a: Ursprünge des französischen Laizismus) zur Trennung von Kirche und Staat wurde eine klare Trennung der beiden Sphären vorgenommen. Dieses Gesetz verbietet dem Staat nicht nur, religiöse Institutionen zu finanzieren, sondern untersagt auch jede religiöse Beeinflussung staatlicher Institutionen wie Schulen oder Ämter. In der Praxis bedeutet dies, dass französische Behörden keine religiösen Symbole oder Praktiken fördern dürfen. So müssen staatliche Schulen, Gerichte und Parlamente frei von religiösen Einflüssen bleiben. Das Gesetz von 2004, das das Tragen auffälliger religiöser Symbole in öffentlichen Schulen verbietet, ist ein prominentes Beispiel. Dies betrifft vor allem muslimische Frauen, welche in der Schule aufgrund ihrer Religionsausübung das Kopftuch tragen wollen. Gemäß Art. 10 der Charta der Grundrechte der Europäischen Union wird Religionsfreiheit- als auch ihre Ausübung gewährt[10]. Nichtsdestotrotz legen die unterschiedlichen Staaten innerhalb der EU die Religionsfreiheit anders aus, somit herrschen nationale Unterschiede. Aus jenem Grund wird das Vorgehen Frankreichs kritisiert- Frankreich hingegen verweist stets auf die im Art. 1 der Verfassung verankerte Laizität. Demnach können Schülerinnen und Schüler, welche religiöse Symbole tragen wollen dies auch tun, jedoch dann ausschließlich in privaten Schulen.

Im Gegensatz zu Deutschland, wo Religionsgemeinschaften über die Kirchensteuer finanziert werden, ist in Frankreich jede Form finanzieller Unterstützung durch den Staat untersagt. Dies betrifft sowohl den Bau von Gotteshäusern als auch die Bezahlung religiöser Amtsträger. Religiöse Ausdrucksformen sind im öffentlichen Raum eingeschränkt, wenn sie als Konflikt mit der staatlichen Neutralität wahrgenommen werden. Das zeigt sich insbesondere in der Debatte um das Burkini-Verbot an Stränden, das 2016 für Schlagzeilen sorgte[11]. Zusammenfassend kann nun folgendes zusammengetragen werden: Einerseits soll gem. der französischen Verfassung die Neutralität in öffentlichen Einrichtungen gewahrt werden. Dies betrifft wie oben erläutert beispielsweise Schulen oder Ämter. Ergänzend dazu werden sämtliche religiöse Gemeinschaften seitens des französischen Staates nicht finanziert. Außerdem gibt es Maßnahmen zu Regulierungen religiöser Ausdrucksformen im öffentlichen Raum.

---

[10] Art. 10 GRCh
[11] https://www.zeit.de/politik/ausland/2016-08/franzoesisches-verwaltungsgericht-kippt-burkini-verbot, zuletzt abgerufen am 05.12.2024

III. Wie sind die gesetzlichen Grenzen des Grundgesetzes sowie der französischen Verfassung zur Religion zu beurteilen?

Deutschland und Frankreich verfolgen unterschiedliche Ansätze im Umgang mit Religion, die sowohl historisch als auch rechtlich begründet sind. Während Deutschland eine Kooperationsbeziehung zwischen Staat und Kirche pflegt, betont Frankreich mit seinem Laizismus die strikte Trennung der beiden Sphären. Diese Unterschiede zeigen sich in folgenden Aspekten:

In Deutschland wird die enge Verbindung von Kirche und Staat historisch durch die Christianisierung Europas und die trotzdem noch vorhandene Vormachtstellung der katholischen Kirche geprägt. Auch die Reformation, der darauffolgende Dreißigjährige Krieg und die territoriale Zersplitterung des Heiligen Römischen Reiches hinterließen Spuren in der Religionspolitik. Die Weimarer Reichsverfassung (1919) legte schließlich den Grundstein für die staatliche Neutralität, indem sie die Trennung von Staat und Kirche einführte. Diese Prinzipien wurden in das Grundgesetz übernommen, jedoch ohne eine radikale Trennung. Frankreich hingegen erlebte durch die Französische Revolution einen klaren Bruch mit der Kirche, die als Symbol des Ancien Régime galt. Die Einführung des Gesetzes von 1905 zur Trennung von Kirche und Staat verankerte den Laizismus als verbindliches Prinzip. Der Laizismus wurde zum Instrument, um die Macht der Kirche zu einzuschränken und die republikanischen Werte Frankreichs Freiheit, Gleichheit und Brüderlichkeit zu stärken. In Deutschland bleiben Religionsgemeinschaften Teil des öffentlichen Lebens. So finanzieren die Bundesländer Religionsunterricht an öffentlichen Schulen, und religiöse Feiertage wie Weihnachten oder Ostern sind gesetzlich durch Feiertage festgelegt. Auch die Kirchensteuer, die von staatlichen Behörden eingezogen wird, unterstreicht die noch vorhandene kooperative Beziehung zwischen Staat und Kirche. Fraglich ist hierbei, inwieweit in Deutschland die noch ausgeprägtere Beziehung zwischen Staat und Kirche zukünftig weiterhin koexistieren kann- Es mussten in den letzten Jahren viele Kirchenaustritte verzeichnet werden und das Interesse am Praktizieren der Religion ist heutzutage folglich niedriger als sonst[12].

Frankreich hingegen hat den Einfluss religiöser Institutionen auf staatliche Angelegenheiten weitgehend eliminiert. Es gibt keinen Religionsunterricht an öffentlichen Schulen, und religiöse Feiertage spielen im staatlichen Kontext keine Rolle – mit nur wenigen Ausnahmen. Ein zentraler Unterschied zeigt sich im Umgang mit religiösen Symbolen. In Deutschland können

---

[12] https://www.tagesschau.de/inland/kirchenaustritte-134.html, zuletzt abgerufen am 08.01.2025

Kreuze in Klassenzimmern hängen, sofern sie nicht gegen die religiösen Überzeugungen einzelner Schüler oder Eltern verstoßen. Hierzu folgendes Beispiel: Das Bundesverfassungsgericht entschied 1995 im sogenannten "Kruzifix-Urteil", dass Kreuze in öffentlichen Schulen zwar zulässig sind, jedoch entfernt werden müssen, wenn dies von Beteiligten verlangt wird[13]. Laut dem Publizisten Andreas Voßkuhle müsse in diesem Feld das Grundgesetz die Idee der Mitte verwirklichen[14]. Frankreich hingegen verfolgt eine strikte Linie. Das Gesetz von 2004 verbietet auffällige religiöse Symbole wie das Kopftuch, Kippas oder große Kreuze in öffentlichen Schulen vollständig, um die Neutralität des Staates zu bewahren. Diese Maßnahmen führten wie bereits oben erläutert international zu kritischen Stimmen, da sie als Einschränkung der Religionsfreiheit wahrgenommen werden, insbesondere von den anderen EU-Staaten. Die unterschiedlichen Regelungen haben auch Auswirkungen auf die Gesellschaft. In Deutschland ermöglicht die Kooperation zwischen Staat und Kirche eine stärkere Integration religiöser Gemeinschaften im öffentlichen Diskurs.

Religiöse Vielfalt wird meist als Bereicherung angesehen, auch wenn es Herausforderungen gibt, etwa in der Debatte um das Kopftuch oder den Bau von Moscheen. Frankreich hingegen sieht sich regelmäßig mit Spannungen konfrontiert, insbesondere in multikulturellen Stadtteilen. Die strikte Neutralitätspolitik wird von manchen als Ausschluss religiöser Identitäten gewertet, was zu Protesten führen kann, wie etwa bei den Demonstrationen gegen Verbote zum Tragen religiöser Symbole. Beispiel hierfür sind muslimische Bürger Frankreichs, welche sich durch die laizistische Politik in ihrer Religionsausübung eingegrenzt fühlen. Dies schürt Unmut gegenüber dem französischen Staat. Zudem entsteht das Gefühl der Benachteiligung gegenüber anderen Religionen, was einem Grundsatz des Laizismus, nämlich der Neutralität widerspricht. Auch globale Ereignisse wie der 11.September 2001 sorgten unter anderem für eine noch stärkere Durchsetzung des Laizismus in Frankreich, vor allem gegenüber Muslimen[15]. Zusammenfassend zeigt der Vergleich, dass Deutschland einen integrativen Ansatz verfolgt, bei dem Religionsfreiheit und staatliche Neutralität miteinander koexistieren. Frankreich hingegen setzt auf die klare Trennung von Religion und Staat, um die republikanischen Werte Frankreichs zu schützen. Der Autor Hans Maier kommentierte, die Religion in Frankreich und Deutschland habe unterschiedliche Bedeutungen - In Deutschland verstehe man darunter eher individuelle Haltungen und in Frankreich ein kollektives Handlungsmuster[16]. Es ist folglich zu sagen, dass beide Ansätze ihre Vor- und Nachteile

---

[13] BVerfG, Urteil vom 16.05.1995, Az. 1 BvR 1087/91
[14] Vgl. Voßkuhle, Andreas: Die Verfassung der Mitte, München Deutschland: Mayr Miesbach GmbH, 2016, S. 34
[15] Vögele, Wolfgang: Zivilreligion, Katastrophen und Kirchen, Berlin, Deutschland: Evangelische Zentralstelle für Weltanschauungsfragen, S. 53
[16] Vgl. Maier, Hans: Religion, Staat und Laizität: Nomos Verlagsgesellschaft, 2011, S. 221

haben: Während Deutschland eine breitere Akzeptanz religiöser Vielfalt ermöglicht, verhindert Frankreich durch den Laizismus potenziellen Einfluss religiöser Institutionen auf die Politik, riskiert jedoch auch Spannungen innerhalb Ihrer pluralistischen Gesellschaft.

Literaturverzeichnis

Böckenförde, E.-W., 2. Auflage (2006): Der säkularisierte Staat: Sein Charakter, seine Rechtfertigung und seine Probleme im 21. Jahrhundert, München, Deutschland: Mayr Miesbach GmbH

Maier, H. (Juni 2011): Religion, Staat und Laizität- ein deutsch-französischer Vergleich, Zeitschrift für Politik, S. 213-222

Vögele, W. (2007): Zivilreligion, Katastrophen und Kirchen, Berlin, Deutschland: Evangelische Zentralstelle für Weltanschauungsfragen

Voßkuhle, A. (2016): Die Verfassung der Mitte, München, Deutschland: Mayr Miesbach GmbH

Braucht eine Demokratie Religion?

Welchen Einfluss hatte die Religion auf die Gesetzgebung in Baden-Württemberg im historischen und gegenwärtigen Kontext?

Niklas Schreiner

1 Einleitung

Religion spielte in der deutschen Geschichte von Beginn an eine wesentliche Rolle. Ihr tief verankerter christlich-traditioneller Einfluss ging nicht spurlos an der deutschen Gesetzgebung vorbei. Bis heute ist dies in zahlreichen Bereichen des öffentlichen Lebens spürbar. Das drittgrößte Bundesland Deutschlands Baden Württembergbietet ein Paradebeispiel für eine tief verwurzelte historisch religiöse Prägung. (vgl. Landeszentrale für politische Bildung Baden-Württemberg)

Sei es der Religionsunterricht an den Schulen, welcher durch Bildungspläne durch das Kultusministerium vorgegeben wird, die Verleihung des Körperschaftsstatus an Religionsgemeinschaften durch das Landesrecht Baden-Württembergs, oder die Erhebung der Kirchensteuer, all diese Maßnahmen lassen sich auf religiöse Einflüsse in einem historischen Kontext zurückführen. [vgl. Bildungspläne Baden-Württemberg (2022), vgl. Bundesministerium des Innern und für Heimat]

Ziel der folgenden Hausarbeit ist es, unterschiedliche Beispiele religiöser Einflüsse auf die Gesetzgebung herauszuarbeiten, zu durchleuchten, sowohl positive als auch negative Punkte miteinander abzuwägen, um die Frage beantworten zu können: **„Welchen Einfluss hatte die Religion auf die Gesetzgebung in Baden-Württemberg im historischen und gegenwärtigen Kontext?"**

2 Religionslehre an Schulen

Religion spielt in der heutigen Zeit unabhängig des Bildungsweges im Deutschen Schulwesen immer noch eine zentrale Rolle. Sie hilft jungen Menschen, ihre Persönlichkeit weiterzuentwickeln, sich mit Wertevorstellungen und Weltanschauungen zu beschäftigen und sich mit existenziellen Fragen sowie mit Toleranz und Selbstreflexion auseinanderzusetzen.

Nach Artikel 7 Abs. 3 Grundgesetz und Art.18 Landesverfassung Baden-Württemberg ist der evangelische, sowie der katholische Religionsunterricht ein ordentliches Lehrfach, welches sowohl von Kirche als auch vom Staat vorgesehen ist. [vgl. Bildungspläne Baden-Württemberg (2022)]

Hierbei sieht die evangelische Religionslehre folgende Leitperspektiven vor:

- Nachhaltigkeit: Die Schüler sollen Verantwortung für ihr Handeln mit der Natur übernehmen dieses soll friedlich gerecht und nachhaltig erfolgen
- Toleranz und Akzeptanz von Vielfalt: Grundlage hierfür ist die Nächstenliebe, die Vielfalt spiegelt Gottes Schöpfung in seiner Diversität wider. Der Religionsunterricht soll dazu befähigen anderen Menschen unabhängig von Geschlecht, Herkunft, Sexualität oder auch Weltanschauung zu tolerieren.
- Prävention und Gesundheitsförderung: Der Unterricht soll dazu anregen sich selbst zu reflektieren, über seine Stärken und Schwächen nachzudenken und über diese mit anderen kommunizieren
- Berufliche Orientierung: Ziel ist es den Schülern einen individuellen Raum zu schaffen, in welchem sie ihre Interessen und Begabungen Richtung Job Leben und Karriere ausleben und fördern können.
- Medienbildung: Soziale Medien spielen mittlerweile im Alltag vieler Jugendlichen eine große Rolle. Der Religionsunterricht soll einen verantwortungsvollen und sensiblen Umgang mit sozialen Medien fördern.
- Verbraucherbildung: Der Religionsunterricht soll den Kindern in ihr Pflichtbewusstsein rufen einen nachhaltigen Umgang mit der uns einzigen zu Verfügung stehenden Welt zu pflegen, um sie so zu einem verantwortungsbewussten Lebensstil zu fördern

Religiöse Kompetenzen spielen außerdem auch eine entscheidende Rolle, diese sind als Fähigkeiten zu verstehen. Den christlichen Glauben wahrzunehmen, mitzugestalten und aus unterschiedlichen Perspektiven mit unterschiedlichsten Welt- und Lebensanschauungen vergleichen und zu deuten, dabei den Wahrheitsgehalt zu erörtern und eine eigene Meinung einzunehmen. [vgl. Bildungspläne Baden-Württemberg (2022)]

Die Inhalte des katholischen, sowie des evangelischen Bildungsplans sind nahezu Schulform, aber auch Klassenübergreifend dieselben.

In den Bereichen:

- Mensch

- Welt und Verantwortung

- Bibel

- Gott

- Jesus Christus

- Kirche und Kirchen

- Religion und Weltanschauung

Diese Oberthemen wurden bewusst gewählt, da sie nicht separierbar sind, sie weisen einige Schnittpunkte auf und bedingen sich so gegenseitig. [vgl. Bildungspläne Baden-Württemberg (2021)]

Allerdings steht in den letzten Jahren nicht nur das Schulsystem immer mehr in der Kritik nicht mehr zeitgemäß zu sein, sondern auch die Religionslehre. So besuchte im Schuljahr 2023/2024 nur noch ca. 54% aller Schüler einen evangelischen oder katholischen Religionsunterricht, während der Ethikunterricht immer mehr an Popularität dazugewinnt. Kritisiert wird, dass der Religionsunterricht mit dem gesellschaftlichen Wandel nicht mehr Schritt halten kann und daher als überholt gilt. Durch immer mehr Vielfalt und Säkularisierung halten Experten den konfessionellen Religionsunterricht für veraltet und fordern, dass dieser grundlegend reformiert oder gar ganz abgeschafft wird. Bundesländer wie Hamburg oder auch Berlin versuchen sich bereits an solch einem Modell des Religionsunterrichtes für alle. [vgl. Deutschlandfunk (2021), Statista (2024)]

Dieser soll unabhängig von der Konfession der Teilnehmer von statten gehen, stößt jedoch auch in seiner noch jungen Entstehungsgeschichte bereits auf Kritik, dass nicht alle Religionen repräsentativ vertreten werden, was insbesondere auf den Fachkräftemangel von qualifizierten Lehrkräften zurückzuführen ist. [vgl. Deutschlandfunk (2021)]

3 Verleihung des Körperschaftsstatus an Religionsgemeinschaften

Religionsgemeinschaften können auf Antrag den Status einer Körperschaft des öffentlichen Rechts erhalten. Laut Grundgesetz ist die Kompetenzverteilung dieses Verfahrens auf die Länder zu verteilen, so haben diese die Gesetzgebungskompetenz, mit welcher sie den

Prozess der Verleihung des Status nach Artikel 4 Abs. 1, Artikel 2 und Artikel 140 Grundgesetz i.V.m. Artikel 137 Abs.5 und 8 Weimarer Reichsverfassung näher ausgestallten können. Zu den in 140 GG und 137 WRV genannten Grundsätzen, muss eine Religionsgemeinschaft noch weitere ungeschriebene Voraussetzungen erfüllen. Sie muss eine klar Grundstruktur aufweisen können, eine verbindliche Glaubensgemeinschaft bilden, welche auch eindeutig nach außen hin erkennbar ist und sie muss genügend Mitgliederzahlen vorweisen können, um zu garantieren, dass sie von Dauer ist und in Zukunft auch weiterhin besteht. Außerdem stellte das Bundesverfassungsgericht in seiner Rechtsprechung fest, dass die Körperschaft garantieren muss, ihre übertragene Hoheitsgewalt in Einklang mit den verfassungsrechtlichen und sonstigen gesetzlichen Bindungen bringt.

Hat eine Religionsgemeinschaft den Status einer Körperschaft des öffentlichen Rechts erlangt hat sie folgende rechtliche Kompetenzen:

- Recht zum Steuereinzug ihrer Mitglieder (Bsp. Kirchensteuer)
- die Dienstherrenfähigkeit (Recht die Rechtsstellung ihrer Bediensteten auszugestalten)
- die Rechtssetzungsbefugnis (Recht eigene Regeln und Gesetze intern zu Erlassen)
- das Recht, kirchliche öffentliche Sachen durch Widmung zu schaffen
- Einzelbegünstigungen (Bsp. Steuervergünstigungen)

Zu den bekanntesten Religionsgemeinschaften mit Körperschaftsstatus gehören unter anderem: die evangelische Kirche, die Römisch-Katholische Kirche, einzelne jüdische Gemeinden, die Baptisten etc.) (vgl. Bundesministerium des Innern und für Heimat)

Wo Vorzüge entstehen, herrscht gewöhnlich Ungleichheit, so auch im Falle der Körperschaften öffentlichen Rechts. Kritiker werfen der aktuellen Regelung vor Ungleichbehandlung zu fördern und argumentieren dies anhand des Artikel 3 Abs. 1 GG, welcher einen Gleichsatz der Religionsgemeinschaften vorsieht, jedoch nicht mit den Privilegien des Körperschaftsstatus zu vereinbaren ist. Zudem sei der verfassungsrechtliche Status der K. ö. R. mehr als fragwürdig. In ihre historische Umgestaltung 1949 nach Artikel 137 V WRV, sollte der zunächst völlig ungeklärte Begriff ursprünglich nur eindeutig von Sportvereinen abgegrenzt werden, indem man die Kirchensteuer gewährleistete. Dabei sollte die inhaltliche Ausgestaltung der Körperschaftsrechte nach Artikel 137 VIII WRV Ländersache sein und keine verfassungsrechtliche Garantie. Folglich entstand ein weiterer Kritikpunkt, wie diese verfassungsrechtlich garantierten Privilegien anderen Religionsgemeinschaften gegenüber zu rechtfertigen sind. Steuerbefreiungen oder staatliche Zuschüsse werden intransparent ohne ausreichende Überprüfung oder angepasst an heutige gesellschaftliche Entwicklungen verteilt, was sowohl rechtlich als auch ethisch als sehr umstritten gilt. [vgl. Humanistischer Pressedienst (2018)]

4 Kirchensteuer

Damit sich die Kirchen finanzieren können, erhebt die Kirche gegenüber ihren Mitgliedern die sogenannte Kirchensteuer. Diese beträgt in Baden-Württemberg ca. 8% der Einkommensteuer und wird von den Finanzämtern erhoben. Die Kirchensteuer ist für die Konfessionen von existenzieller Bedeutung, um ihren kirchlichen Aufgaben nachzukommen und gerecht zu werden. Zu diesen Aufgaben gehört unter anderem, das Vorbereiten und Abhalten von Gottesdiensten, die Seelsorge, das Betreiben von Bildungseinrichtungen wie Schulen oder auch Kindergärten, aber auch die Förderung von sozialen Projekten, wie die Unterstützung von Hilfsbedürftigen.

Die rechtliche Grundlage zur Erhebung der Kirchensteuer, ist verfassungsrechtlich in Artikel 140 Grundgesetz i. V. m. Artikel 137 Abs. 6 Weimarer Reichsverfassung geregelt. Dieser besagt, dass Religionsgemeinschaften, die Körperschaften des öffentlichen Rechts sind, Kirchensteuern auf Grundlage der bürgerlichen Steuerliste, nach Maßgabe der landesrechtlichen Bestimmungen erheben können. Außerdem ergänzen sogenannte Konkordate bzw. Staatskirchenverträge weitere Details zwischen Staat und Religionsgemeinschaften. Die einzelnen Bundesländer stellen durch spezielle Kirchensteuergesetze (in BaWü KiStG) schlussendlich den rechtlichen Rahmen, in welchem die Kirchen durch ihre eigenen Kirchensteuerordnungen und Kirchensteuerbeschlüsse agieren dürfen. (vgl. Deutsche Bischofskonferenz)

Umfragen zufolge finden jedoch beinahe dreiviertel der Deutschen die Kirchensteuer sei nicht mehr zeitgemäß und die Zahlen sprechen eindeutig dafür. So traten allein im Jahre 2022 ca. 880 000 Menschen aus der Kirche aus. Meist genannten Hauptaustrittsgründe waren die Missbrauchsskandale auf Platz eins, der schwindende Glaube, Reformstau und auf Platz zwei die scharf kritisierte Kirchensteuer. Deutschland stellt bereits seit dem 19. Jahrhundert einen Sonderfall dar, da die Finanzämter die Kirchensteuer einziehen. Deshalb fordern Kritiker mehr Transparenz und Mitbestimmung und vor allem alternative Modelle, anhand des Vorbildes Italien, welche viel mehr auf aktive Werbung und Spenden setzen. [vgl. Süddeutsche Zeitung (2023)]

5 Fazit

Einerseits kann man sagen, dass der Einfluss der Gesetzgebung in Baden-Württemberg tief in der Geschichte, als auch in der Verfassung verankert ist. Sehr repräsentativ hierfür ist der Bildungsplan des Kultusministeriums Baden-Württembergs für die Religionslehre, sowie bei der Verleihung von Körperschaftsstatus an Religionsgemeinschaften und die zusammenhängende Kirchensteuer wider. Diese bieten wiederum finanzielle Möglichkeiten zentrale Aufgaben zu verfolgen wie den Bildungsauftrag der Religionslehre an Schulen, die Bereitstellung von Seelsorge und Gottesdiensten, aber auch die Organisation von sozialen Projekten, welche beispielsweise Hilfsbedürftigen zugutekommen. In vielerlei Hinsicht schafft der religiöse Einfluss einen positiven Mehrwert für die Gesellschaft. [vgl. Bildungspläne Baden-Württemberg (2022), vgl. Bundesministerium des Innern und für Heimat]

Andererseits wird der religiöse Einfluss zunehmend kritisch beäugt, da er mit dem gesellschaftlichen Wandel nicht schritthalten kann. Kritiker hinterfragen die Privilegierung von Religionsgemeinschaften gegenüber anderen und sehen vor allem die intransparenten Mittelverteilung und Steuerbegünstigung kritisch. Nicht nur Experten sehen diese Problematiken kritisch, sondern auch der christliche Durchschnittsbürger. Statistische Erhebungen sprechen für zunehmende Kirchenaustritte, während die jüngere Generation immer weniger am konventionellen Religionsunterricht teilnimmt. Diese Entwicklung unterstreicht nicht nur die Kritik, sondern fordern Reformen. [vgl. Humanistischer Pressedienst (2018), vgl. Deutschlandfunk (2021), Statista (2024)]

Schlussendlich muss ein Kompromiss gefunden werden, welcher sowohl die traditionellen Werte (religiöser Einfluss) und moderner Wandel der Zeit (gesellschaftlicher Wandel) vereint.

Quellenverzeichnis

Deutsche Bischofskonferenz: Kirchensteuer, [online] https://www.dbk.de/themen/kirche-und-geld/kirchensteuer?utm_source=chatgpt.com [11.01.2025].

Bildungspläne Baden-Württemberg (2022): Evangelische Religionslehre, [online] https://www.bildungsplaene-bw.de/,Lde/BP2022BW_SOP_GENT_TEIL-C_REV [11.01.2025].

Bildungspläne Baden-Württemberg (2021): Katholische Religionslehre, [online]
https://www.bildungsplaene-bw.de/,Lde/KR_OS [11.01.2025].

Bundesministerium des Innern und für Heimat: Körperschaftstatus, [online]
https://www.bmi.bund.de/DE/themen/heimat-integration/gesellschaftlicher-
zusammenhalt/staat-und-religion/koerperschaftsstatus/koerperschaftsstatus-node.html
[11.01.2025].

Deutschlandfunk (2021): Das Fach Religion auf dem Prüfstand, [online]
https://www.deutschlandfunk.de/religionsunterricht-auf-dem-prueftstand-100.html
[11.01.2025].

Humanistischer Pressedienst (2018): Religionsgemeinschaften als Körperschaften des
öffentlichen Rechts?, [online] https://hpd.de/artikel/religionsgemeinschaften-koerperschaften-
des-oeffentlichen-rechts-15334?utm_source=chatgpt.com [11.01.2025]

Landeszentrale für politische Bildung Baden Württemberg: Historische Territorien im
Südwesten, [online] https://www.landeskunde-baden-wuerttemberg.de/historische-territorien
[11.01.2025]

Statista (2024): Religionsunterricht – Verteilung der teilnehmenden Schüler in Deutschland
nach Angebot im Schuljahr 2023/2024, [online]
https://de.statista.com/statistik/daten/studie/1446584/umfrage/religionsunterricht-verteilung-
der-schueler-in-
deutschland/#:~:text=28%2C5%20Prozent%20der%20Sch%C3%BCler,katholischen%20Reli
gionsunterricht%20teil. [11.01.2025].

Süddeutsche Zeitung (2023): Viele Menschen finden die Kirchensteuer nicht mehr
zeitgemäß,[online] https://www.sueddeutsche.de/politik/steuern-viele-menschen-finden-die-
kirchensteuer-nicht-mehr-zeitgemaess-dpa.urn-newsml-dpa-com-20090101-230716-99-
418189 [11.01.2025].

Spannungsfeld zwischen Religion und Demokratie

Wieviel Religion verträgt die Demokratie?

Timo Bonaventura Zölle

1 Einleitung

Das Zusammenleben verschiedener Religionen gehört zu einer der Herausforderungen einer demokratischen Gesellschaft. Während die Demokratie als politisches System auf Werten wie Freiheit, Gleichheit und Pluralismus basiert, verfolgt Religion häufig Vorstellungen, die mit Absolutheitsansprüchen verbunden sind. Diese unterschiedlichen Ansätze können immer wieder zu Spannungen führen, insbesondere in Fragen der Gesetzgebung, der individuellen Freiheiten und dem gesellschaftlichen Miteinander. Gleichzeitig darf nicht außer Acht gelassen werden, dass Religion für viele Menschen eine wichtige Quelle für moralische Orientierung und gesellschaftliche Werte ist. Sie hat in der Geschichte oft dazu beigetragen, soziale Bewegungen voranzutreiben und Gemeinschaften zu stärken.

Bei dieser Herausforderung stellt sich die Frage, wie viel Religion verträgt die Demokratie. Unterstützt Demokratie religiöse Einflüsse, oder droht sie dadurch ihre Neutralität und ihren säkularen Charakter zu verlieren? Außerdem stellt sich die Frage, ob die Demokratie auf Religion angewiesen ist, um Werte wie Gerechtigkeit, Solidarität und Menschenwürde aufrechtzuerhalten. Der Fokus liegt dabei auf den Themen Religionsfreiheit und Säkularismus.

2 Demokratie und Religion

Das Verhältnis zwischen Demokratie und Religion ist herausfordernd, da beide Bereiche auf unterschiedlichen Prinzipien basieren, aber dennoch in einigen Aspekten miteinander zusammenhängen. Eine Demokratie zeichnet sich dadurch aus, dass die Vielfalt von Meinungen, Überzeugungen und Lebensweisen akzeptiert und geschützt werden. Sie basiert auf dem Rechtsstaatprinzip, dem Schutz der Menschenrechte und der Gewaltenteilung. Dabei wird auch das Recht auf Religionsfreiheit geschützt, welches sowohl das Recht auf Glauben als auch das Recht auf Nichtglauben umfasst.

Ein Aspekt demokratischer Gesellschaften ist die Trennung von Staat und Religion, die sicherstellen soll, dass staatliche Entscheidungen unabhängig von religiösen Normen getroffen werden. Diese Trennung wird in verschiedenen Staaten unterschiedlich gehandhabt. In Ländern wie Frankreich wird strikter Laizismus verfolgt, bei dem sich der Staat neutral Verhält, sich aber nicht in religiöse Angelegenheiten einmischt. In Deutschland wird eine Kooperation zwischen Staat und religiösen Institutionen verfolgt.

Religion erfüllt in vielen Gesellschaften eine bedeutende Funktion, indem sie moralische Werte und ethische Normen vermittelt. Sie prägt das soziale Zusammenleben und kann in demokratischen Staaten als stabilisierendes Element wirken. In der Vergangenheit haben bereits einige religiös motivierte Bewegungen zur Förderung von Menschenrechten und sozialer Gerechtigkeit beigetragen wie z.B. die christlich geprägten Bürgerrechtsbewegungen in den USA. So haben Aktivisten zur Abschaffung der Sklaverei und zur Förderung sozialer Gerechtigkeit beigetragen.

Gleichzeitig kann Religion auch eine Herausforderung für die Demokratie darstellen, wenn sie sich gegen grundlegende demokratische Werte wie z.B. Gleichberechtigung, Meinungsfreiheit oder die Trennung von Staat und Kirche richtet. Dies zeigt sich in Debatten über religiös motivierte Gesetzesinitiativen oder auch in Konflikten über religiöse Symbole im öffentlichen Raum. Diese Spannungen erfordern eine sensible Abwägung zwischen Religionsfreiheit und Neutralität des Staats, damit die religiösen Überzeugungen der Bürger respektiert, sowie die Grundrechte geschützt werden.

Es zeigt sich, dass sowohl Demokratie als auch Religion versuchen, moralische und gesellschaftliche Ordnung zu schaffen. Die Herausforderung besteht darin, eine Balance zu finden, in der die Demokratie ihre pluralistischen Prinzipien wahren kann, ohne dabei den Beitrag der Religion für die Gesellschaft zu ignorieren oder zu unterdrücken.

3 Das Spannungsverhältnis zwischen Religionsfreiheit und Säkularismus in der Demokratie

Religionsfreiheit und Säkularismus sind zwei zentrale Prinzipien, die das Verhältnis zwischen Demokratie und Religion regulieren. Sie bilden die Grundlage dafür, dass religiöse

Überzeugungen in einer demokratischen Gesellschaft sowohl geschützt als auch begrenzt werden können. Während die Religionsfreiheit das Recht jedes Einzelnen schützt, eine Religion frei auszuüben oder keine Religion zu haben, sorgt der Säkularismus dafür, dass der Staat neutral bleibt und religiöse Einflüsse auf politische Entscheidungen begrenzt werden. Beide sind entscheidend, um das Spannungsverhältnis zwischen Demokratie und Religion in Einklang zu bringen.

3.1 Religionsfreiheit

Die Religionsfreiheit ist ein unverzichtbares Grundrecht. In Deutschland ist sie durch Artikel 4 des Grundgesetzes geschützt, der besagt:

„(1) Die Freiheit des Glaubens, des Gewissens und die Freiheit des religiösen und weltanschaulichen Bekenntnisses sind unverletzlich.
(2) Die ungestörte Religionsausübung wird gewährleistet."

Dies bedeutet, dass jeder Mensch das Recht hat, seine Religion frei zu wählen, auszuüben oder auch keiner Religion anzugehören. Gleichzeitig garantiert dieser Artikel, dass sich der Staat nicht in religiöse Angelegenheiten einmischt, solange religiöse Praktiken nicht gegen das Gesetz oder demokratische Grundwerte verstoßen[1].

Ein Beispiel für die Bedeutung der Religionsfreiheit ist die Diskussion über religiöse Symbole im öffentlichen Raum. Während religiöse Gruppen auf ihr Recht auf religiöse Ausdrucksform bestehen (z. B. das Tragen eines Kopftuchs oder das Aufhängen von Kruzifixen in Klassenzimmern), muss der Staat sicherstellen, dass die Neutralität gewahrt bleibt und keine Bevölkerungsgruppen benachteiligt werden. Dabei muss er sowohl die Religionsfreiheit schützen, als auch sicherstellen, dass demokratische Grundrechte nicht durch religiöse Grundsätze eingeschränkt werden.

---

[1] Epping Art. 4 Rn. 1-119

3.2 Säkularismus

Der Säkularismus spielt in der Demokratie eine entscheidende Rolle. Er stellt sicher, dass der Staat unabhängig von religiösen Institutionen handelt und politische Entscheidungen nicht auf Grundlage religiöser Dogmen trifft. Deutschland gilt als säkulare Demokratie, anders als in Ländern wie Frankreich, wo ein strikter Laizismus herrscht, setzt Deutschland auf das Modell der wohlwollenden Neutralität. Der Staat handelt neutral, erkennt aber die gesellschaftliche Bedeutung von Religion an und arbeitet mit religiösen Gemeinschaften zusammen. Dieses Modell ermöglicht eine gewisse Integration von Religion in das gesellschaftliche Leben, ohne dass der Staat selbst religiös wird[2]. Dementsprechenden gibt es viele Bereiche, in denen Religion und 2 Staat eng zusammenarbeiten wie z.B. der Religionsunterricht an Schulen oder auch die Kirchensteuer.

4 Braucht die Demokratie Religion?

Die Demokratie ist nicht von der Religion abhängig, jedoch kann Religion die moralischen Werte und den gesellschaftlichen Zusammenhalt stärken. Religion vermittelt ethische Grundsätze wie Solidarität, Gerechtigkeit und Nächstenliebe, die mit den Werten der Demokratie übereinstimmen. Außerdem leisten religiöse Institutionen einen wichtigen Beitrag zur Gesellschaft.

Eine demokratische Gesellschaft ermöglicht den Menschen, ihren Glauben frei zu wählen und auszuüben. Dadurch wird deutlich, dass Pluralität und Toleranz eng mit demokratischen Prinzipien verknüpft sind und von allen Beteiligten gelebt werden sollten. Religiöse Institutionen können in diesem Zusammenhang als wichtige Partner auftreten, da sie Glaubensinhalte vermitteln und soziale Einrichtungen betreiben, die sich in der Bildungsarbeit oder in sozialen Diensten engagieren. So können kirchliche Träger wie Kindergärten, Schulen oder Krankenhäuser zu Verbesserung gesellschaftlicher Aufgaben beisteuern. Durch diese Zusammenarbeit entsteht eine Verbindung zwischen Religion und Gesellschaft, die den demokratischen Gedanken fördern kann. Religion und Demokratie können sich somit gegenseitig ergänzen und stärken.

---

[2] Böckenförde S.12

5 Gefahren eines zu starken religiösen Einflusses

Führt ein zu großer Einfluss der Religion auf die Demokratie zu Problemen. Eine zu starke Verflechtung von Religion und Staat kann dazu führen, dass religiöse Überzeugungen wichtiger angesehen werden als politische Entscheidungen und dadurch die Rechte von Minderheiten oder Andersdenkenden eingeschränkt werden. Besonders problematisch ist dies, wenn religiöse Dogmen mit demokratischen Prinzipien kollidieren. Beispiele für diese Spannungen sind die Diskussionen um das Kopftuch oder auch der Umgang mit LGBTQ Rechten. Einige religiöse Gruppen lehnen gleichgeschlechtliche Ehen oder bestimmte geschlechtliche Identitäten ab, was mit den Grundwerten der Demokratie kollidieren kann.

6. Fazit

Die richtige Balance zwischen Religionsfreiheit und Säkularismus ist entscheidend für das Funktionieren einer Demokratie. Wenn Religion zu viel Einfluss auf staatliche Angelegenheiten nimmt, droht eine Einschränkung individueller Freiheiten. Religion spielt für viele Menschen eine bedeutende moralische und gemeinschaftsfördernde Rolle, jedoch darf der Einfluss auf politische Entscheidungen nicht so weit gehen, dass die Grundprinzipien der Demokratie gefährdet sind. Gleichzeitig kann ein zu strenger Säkularismus dazu führen, dass religiöse Menschen sich in der Gesellschaft nicht mehr vertreten fühlen.

Religionsfreiheit und Säkularismus sind essenzielle Bausteine, um einen Ausgleich zwischen religiösen Überzeugungen und demokratischen Werten zu gewährleisten. In einem demokratischen System müssen religiöse und nicht-religiöse Weltanschauungen gleichberechtigt existieren können, sodass individuelle Freiheiten gewahrt bleiben.

Zwar braucht die Demokratie Religion nicht zwingend, jedoch kann sie von ihren ethischen Werten profitieren. Religiöse Institutionen leisten durch soziale und karitative Arbeit einen wichtigen Beitrag zum gesellschaftlichen Zusammenhalt. Gleichzeitig müssen demokratische Gesellschaften wachsam bleiben, um zu verhindern, dass religiöse Grundsätze die Rechte einzelner Gruppen einschränken oder politische Entscheidungen dominieren.

Letztlich kann Religion in einer Demokratie eine wichtige Rolle spielen, wenn sie nicht als absoluter Wahrheitsanspruch, sondern als Teil einer Gesellschaft verstanden wird. Entscheidend ist, dass die demokratische Ordnung Vorrang vor religiösen Interessen hat und die Neutralität des Staats bewahrt wird. Nur so kann sichergestellt werden, dass sowohl religiöse als auch nicht-religiöse Bürger gleichermaßen in einer freien und gerechten Gesellschaft leben können.

Abkürzungsverzeichnis

Die im Text verwendeten Abkürzungen sind dem Allgemeinen Abkürzungsverzeichnis von Kirchner entnommen. (Kirchner, Hildebert, Abkürzungsverzeichnis der Rechtssprache; 7. Auflage, 2013; de Gruyter, Berlin)

Literaturverzeichnis

Epping, Volker / Hillgruber, Christian

      Beck Online Kommentar Grundgesetz

      59. Edition; Stand 15.09.2024

      C.H. Beck; München

      zitiert als: Epping

Böckenförde, Ernst-Wolfgang

      Der säkularisierte Staat

      2. Aufl. 2007

      Carl Friedrich von Siemens Stiftung; München

      zitiert als: Böckenförde

Rechtsanwalt
Ralf Bernd Herden

Lehrbeauftragter (univ.appl.sc.)
Bürgermeister a.D.

Associate Fellow Royal Historical Society
(London, UK)

www.rechtsanwalt-herden.de